U0679869

成都历史文化精品丛书

历代都江堰功小传 续注

续注

都江堰市档案馆　都江堰市地方志办公室　编

王克明　王燕飞　续注

巴蜀书社

图书在版编目（CIP）数据

《历代都江堰功小传》续注／王克明，王燕飞续注.
— 成都：巴蜀书社，2023.10

ISBN 978-7-5531-2085-0

Ⅰ.①历⋯　Ⅱ.①王⋯②王⋯　Ⅲ.①历史人物－生
平事迹－中国　Ⅳ.①K820

中国国家版本馆 CIP 数据核字（2023）第 184415 号

《历 代 都 江 堰 功 小 传》续 注
LIDAI DUJIANG YANGONG XIAOZHUAN XUZHU

王克明
王燕飞　续注

责任编辑	康丽华
出　　版	巴蜀书社
	成都市锦江区三色路 238 号新华之星 A 座 36 层　邮编：610023
	总编室电话：（028）86361843
网　　址	www.bsbook.com.cn
发　　行	巴蜀书社
	发行科电话（028）86361852
经　　销	新华书店
印　　刷	成都蜀通印务有限责任公司
版　　次	2024 年 1 月第 1 版
印　　次	2024 年 1 月第 1 次印刷
成品尺寸	148mm×210mm
印　　张	10.25
字　　数	250 千
书　　号	ISBN 978-7-5531-2085-0
定　　价	88.00 元

本书如有印装质量问题，请与工厂调换

《〈历代都江堰功小传〉续注》编委会名单

主　任：张　科

副主任：童　艳　付岷霞

主　编：王克明　王燕飞

副主编：贺泽勇　卞再斌　陈洪飞

委　员：王　虎　韩　杰　马定萍　张　霞　林小莉　付三云

绘　图：胡贵龙

千年古堰的守护功臣　百年作者的赓续礼赞

——序《〈历代都江堰功小传〉续注》

潘殊闲[1]

以成都平原为核心的这一区域，历史上享有"天府之国"的美誉。按照《华阳国志》的说法，这个天府之国"水旱从人，不知饥馑"（《华阳国志》卷三）。饥，《说文解字》解释为"谷不熟"，《墨子·七患》解释为"五谷不收谓之饥"。"五谷不收"，当然就会引起饥荒、灾荒。馑，《说文解字》解释为"蔬不熟"，《尔雅》解释为"可食之菜，皆不熟为馑"，后泛指饥荒。言外之意是，没有粮食，如果有充饥的菜蔬，那还可以勉强凑合，但是，如果连充饥的菜

---

① 潘殊闲，四川省人民政府文史研究馆特约馆员、四川省社会科学重点研究基地"地方文化资源保护与开发研究中心"主任、西华大学文学与新闻传播学院院长。

蔬都歉收绝收了，那百姓只得饿肚子，这自然就是饥荒。《汉书·郦陆朱刘叔孙传》云"王者以民为天，而民以食为天"，可见，对百姓而言，有饭吃，解决温饱问题是天大的事。而百姓有饭吃，天下（国家）才能安稳，这也就是"粮安天下稳"的内在逻辑。环视世界，农业被称为第一产业，其理也正在此。

我国长期以来以农耕文明为主，靠天吃饭是自然规律。农耕，最需要的就是水和阳光。阳光给农业带来的困难无非就是久晴（特别是长时间的高温）或久阴（导致农作物日照不足）。相比于阳光，对农业而言，水更重要。水给农业带来的困难，一是水灾（水太多），一是旱灾（缺水），这两者都是致命的。那有没有办法改变一下自然生态，让当地百姓不怕水灾也不怕旱灾？回顾人类的历史，我们的先人还真有伟大的发明创造，以至能做到"水旱从人，不知饥馑"——那就是被称为"天府之国"灵魂的都江堰及其系列灌溉工程所赐的都江堰灌区。

翻开四川自然地图我们会发现，成都平原是一个扇形的平原，总体呈西北高东南低的走势。再把视线放远一点，成都平原西部是连绵的群山，其中西北方向是岷山，岷江就发源于四川省阿坝州松潘县岷山南麓的弓杠岭。这里海拔高度 3700 米，而成都平原海拔高度为 600 米，也就是说，岷江从源头奔流至成都平原，落差已经达到 3000 米以上。岷江从源头到都江堰为上游，长度为 340 公里，如此算来，岷江上游平均每公里的落差达到 8.82 米。上游的岷江就像悬在成都平原头上的一个天河。如此大的落差，决定了岷江对成都平原的冲击是相当可怕的。成都平原事实上就是岷江的冲积平原。在岷江水患没有得到治理之前，成都平原是完全不宜居，自然也是不宜业的。因为，每到春天，岷山海拔低的地方，雪水开始融化，岷江就会有春汛发生，也就是百姓常说的"桃花汛"。"桃花汛"本来主要指每年 2—3 月黄河上游冰凌开始融化，形成洪水，流至陕西、山西时，时值桃花盛开，故名。其实，岷江上也有这样的"春汛"，当年杜甫在成都的诗中就曾写道："三月桃花浪，江流复旧痕。"（《春水》）由此可证。由于成都平原地势低洼，岷江涨水，就容易在这里泛滥成灾。至夏秋雨季，每当岷江上游出现暴雨，山洪携带大量的泥沙倾泻而下，成都平原就会顿时成为一片汪洋。当洪水退去，成都平原又可能因为高低不平而形成一块一块的沼泽。那这样的自然条件当然就不适宜人居住了，自然也无法进行农业生产。

　　面对这样的自然条件，人们肯定会想办法进行"改造"。那如何"改造"？当然是对水患进行治理了。翻阅相关史书我们可以知道，生活在这个区域的人们从很早开始，就在探索水患之源，尝试进行水患治理。首先是诞生于岷山河谷的大禹，他是夏朝的开国君主，他的最大功绩就是治理各地水患，划定九州，协和万邦，使天下和谐。大禹治水是从自己的家乡开始，《尚书·禹贡》记之为"岷山导江，东别为沱"。这里的"江"，就是岷江，长期以来，岷江被认为是长江的源头，这是中国的人文地理。据《蜀王本纪》和《华阳国志·蜀志》记载，古蜀国有五帝，分别是蚕丛、柏灌、鱼凫、杜宇、开明。根据考古和文献记载，现在得到学界比较一致的看法是，古蜀五帝或古蜀五朝是沿着岷江河谷逐渐迁徙定居于成都平原，而这和岷江与成都平原的水患治理密切相关。蚕丛氏是生活在岷江上游河谷一带的族群,柏灌一族则进一步下迁至平原边缘的台地。鱼凫应当是古蜀国第一位真正的统治者,《路史·前纪四》称"鱼凫治导江","导江"之名,说明鱼凫有治水功绩。《蜀王本纪》又载:"鱼凫田于湔山,得仙,今庙祀之于湔。"蜀人为鱼凫立祠为祀,这在之前的蚕丛、柏灌时代,尚无这样的文献记录。蜀人何以要立祠祭祀鱼凫?那当然是鱼凫有造福百姓的"功业"。在那个时代,要造福百姓,如果水患没有得到必要的治理,何谈"造福"?也正因为在鱼凫时代水患得到初步的治理,所以,蜀人开始在成都平原定居,我们今天在三星堆和金沙遗址看到大量以鸟形为装饰的各类器物,正是鱼凫时代存在的物证。古蜀五帝的后面两位杜宇与开明,接续前朝未竟的事业,也在进一步治理成都平原的水患。《蜀王本纪》载:"时玉山出水,若尧之洪水,望帝不能治,使鳖灵决玉山,民得陆处。"这里所说的望帝即杜宇,鳖灵即丛帝开明,当时为望帝丞相。玉山就是玉垒山,"望帝不能治",说明望帝杜宇不是没有治理洪水,而是治理不得法,没有成功,最后是让开明去凿开玉垒山,开掘一条由"宝瓶口"泄出的江水,以消减岷江的水势来保证下游的安全。这一治理,让"民得陆处",这是非常形象化的描述,换言之,在没有得到治理之前,百姓苦水患久矣,如今终于有干爽的陆地得以栖居,这当然是功莫大焉的伟业。

公元前316年,秦国吞并蜀国,古蜀国的历史从此结束。秦灭蜀国之后,蜀地一度处于混乱状态。为强化蜀地经济保障和社会稳定,秦国采取了系列措施。在秦灭蜀国之后的40年(一说50年),也即公元前277年,李冰作为第三任蜀郡守来到四川,开始了治蜀与兴蜀的历程。李冰治蜀事迹众多，但最有名的无疑是创建都江堰、疏通成都"二江"等重大水利工程，极大地奠定了成都作为巴蜀地区政治、经济、文化中心的地位。《史记·河渠书》载"蜀守冰凿离碓，辟沫水之害，穿二江成都之中。此渠皆可行舟，有余则用溉浸，百姓飨其利"。《汉书·沟洫志》沿用此说。后来的《华阳国志》则这样表述："冰乃壅江作堋。穿郫江、捡江，别支流，双过郡下……于是蜀沃野千里，号为陆海。旱则引水浸润，雨则杜塞水门，故《记》曰：水旱从人，不知饥馑。时无荒年，天下谓之天府也。"类似的记载在古代众多文献中都有，只是彼此有些差异，甚至有较大的差异。但综合各类（包括上述）文献记载可以看到，李冰是在古蜀先圣的基础上，第一次真正改变了成都平原的自然生态系统，彻底解决了危害四川盆地的水患，基本建立起成都平原的灌溉系统，让水资源成为滋养成都平原的宝贵财富。"水旱从人，不知饥馑"，可以说是成都平原变成"天府之国"的最典型标志。这里所引之《记》，据任乃强先生考证，乃是谯周《蜀记》。"陆海"，也是《蜀记》之语，"谓农田生产之饶，比于海产珍奇之值也"。李冰于川人而言，厥功至伟。川人永远铭记这位"天府之国"的开创者，李冰也就被尊为"川主"，各地"川主庙"也就应运而生，仅现存文献可以看到，单是明代修建的川主庙就有22座（参见罗开玉《中国科学神话宗教的协合——以李冰为中心》，巴蜀书社，1990年版），可见祭祀李冰的香火之旺。此外，诸如"二王庙"（又曾名"崇德庙""二郎庙"）、"伏龙观"（民间亦称"老王庙"）等有关李冰的祭祀场所，也长期得到人们的尊崇与礼拜。

任何水利工程都不可能一劳永逸，李冰修建的都江堰及其系列灌溉工程自然也不例外。那该如何让这些水利工程永续利用，造福子孙万代？当然就是要进行必要的维护与修护。另外，要让都江堰发挥更大的功能，还需要因势利导建设更多的堰渠，拓展灌区面积，改造更多良田。李冰之后的历届蜀郡守及其相关地方官员，均悉心守护李冰留下的宝贵治水遗产，并不断发扬光大。如此相沿不断，迄今已近2300年的历史。这一优良的传统，也让都江堰这一古老的水利工程福泽绵绵，成为目前世界上唯一且至今仍在发挥重要作用的最古老的水利工程，荣膺世界文化遗产、世界灌溉工程遗产等殊荣。两千余年的古堰，一代又一代的治理者、管理者和建设者，在年复一年的岁修以及根据不同时代不同背景不同需求进行的定期不定期的大修、小修、重修等系列的工程中，让都江堰这一古老的水利工程，永远嘉惠蜀地，福佑苍生，甚至让工业化、信息化时代的成都平原至今仍然享有"天府之国"的美誉。

都江堰水利工程2000余年的历史不可谓不漫长，那些为护卫都江堰的"生命"勇于付出的历朝历代各级官员、各类巧匠以及普通的劳动者，多如繁星，可惜能够在历史文献中留下芳名的仅是其中的极少部分。100多年前，也就是宣统三年（1911），成都水利同知钱茂先是将历代治堰有功者三十余人，请列主入祠；后又奉四川总督王人文之命，广为搜集考校，编纂自开明至清末共100位对开凿和维护都江堰水利工程有重要功绩与贡献的人物，名之为"堰功"，同僚楼黧然、秦楠参与删订。这是一件功德无量的善事。诚如王人文在《叙》中所说："中国言水利者蜀最先，大禹蜀人也，开明蜀帝也，李冰蜀守也。禹之迹具载《夏书》，泽在天下。而李冰治都江堰之法，功在全蜀，《传》中人皆师冰意者也。水为天下之大利，亦为天下之大害。同一堰也，或修之而享水之利，或筑之而被水之害，何哉？因古人自然之利而兴利，故利也；不因古人自然之利而兴利，故害也。大抵天地间自然之外，无所谓利。天有寒暑昼夜，周流不息，自然之气化也。地有山林泉泽，产殖无穷，自然之情势也。人居其间，顺其自然之气化，酌其自然之情势，善去其害而已，安能反乎自然之外而巧创一利哉？"的确，李冰创建的都江堰及其系列灌溉工程正是因循自然的结果，因为因循自然，所以得到自然的庇护，给灌区百姓带来绵绵不绝的福泽。而编纂这部堰功小传，在王人文看来，就是希望"后之读是书者，其善守李公遗规，慎勿侥幸非常之利，而贻斯民以无妄之害也夫"。

　　限于当时的条件，这本《历代都江堰功小传》，或有舛误，或有遗漏，加之清末之后的百年间，诸多新出堰功名人未载，留下遗憾。那是否有好事者愿意踵继前贤，续修小传，以告慰往哲，嘉惠当下，遗泽来叶？壬寅岁八月，都江堰市档案馆王克明先生拨通电话告诉我，他和西华大学王燕飞先生、都江堰市文物局退休干部卞再斌先生正在对这部《历代都江堰功小传》进行增补、修订和注译，嘱我为之《序》。从小在"天府之国"长大的我，亲自见证了在这片土地上沟渠纵横、美田弥望、修竹掩护的胜景与富庶，对那些"天府之国"的建造者、维护者心生景仰，如今有人为这些往圣先贤立传、释义并译成现代汉语且附有插图，如此博雅之举，当然值得敬重。于是，欣然命笔，写下上述心语，期望广大读者能读其书，铭记那些有功于都江堰、有功于"天府之国"的往圣前贤，并将他们治水兴利的智慧传承光大。倘若有读者沾溉于这部小传而加入治水兴利的行列，为生态美丽中国建设贡献力量，那定当是本书前后百年赓续作者的最大欣慰。善莫大焉！功莫大焉！

《〈历代都江堰功小传〉续注》经过评审，成功入选成都市地方志办组织的首批"成都历史文化精品丛书"，这是对本书的褒奖和肯定。成都"有江山之雄，有文物之盛"，是中国唯一一座城名未改、城址未迁、中心未移的超大城市。希望本书能够为"传承文化基因，赓续成都文脉"贡献绵薄之力。

壬寅岁仲秋初识于成都邻杜居

癸卯岁仲冬再识于成都邻杜居

目 录

卷下

历代都江堰功小传叙

《都江堰功小传》者，传有功都江堰之人也。堰夥矣[一]，今但就堰于都江流域者言之。往者都江之水，尝为民害，堰以潴泄之[二]，始有利无害，故曰堰功也。堰不能自为功，孰与功之？堰不能久有功，孰令久之？则人为之也。诸人者既为功于堰，而都江所灌之田之农，世食其德，不知其姓名，奚可焉？是不可以无传也。曷为乎小之[三]？治堰之人，或名德巍然，或勋业赫然，传以堰功为断限，他皆从略焉，则小之也亦宜。

宣统庚戌[四]，人文[五]在四川布政任内[六]，署成都水利同知钱茂[七]，以其先人尝官斯官[八]，有功于堰，因类举先后治堰有功者三十余人，请列主入祠。然疏漏滋多，人文颇为条指[九]，令搜考事迹，各系小传，勒一书以信今传远，详总督赵公批行[一〇]。明年，赵公移督东三省[一一]，人文护院[一二]。同知书适上，纂辑逾百人，芜杂讹

001

遗，往往而有。于是以公暇与农科幕职楼参事藜然^[一三]、秦助理楠商同删订^[一四]，期于文简事核。会奉督边之命，入觐有期^[一五]，匆促付刊。他日学道君子，尽心民事，理董而赓续之^[一六]，或以是为先河之导乎？抑人文重有感焉^[一七]。

中国言水利者，蜀最先，大禹蜀人也^[一八]，开明蜀帝也^[一九]，李冰蜀守也^[二〇]。禹之迹具载《夏书》^[二一]，泽在天下。而李冰治都江堰之法，功在全蜀，《传》中人皆师冰意者也^[二二]。

水为天下之大利，亦为天下之大害。同一堰也，或修之而享水之利，或筑之而被水之害，何哉？因古人自然之利而兴利，故利也；不因古人自然之利而兴利，故害也。大抵天地间自然之外，无所谓利。天有寒暑昼夜，周流不息，自然之气化也^[二三]。地有山林泉泽，产殖无穷，自然之情势也^[二四]。人居其间，顺其自然之气化，酌其自然之情势，善去其害而已，安能反乎自然之外而巧创一利哉？

故太史公述禹之功也^[二五]，曰："河菑衍溢，害中国尤甚。"述李冰之功也，曰："辟沫水之害。"初未尝言兴利也，厥后世运日污^[二六]，治术益替，惑邪说，觊近功^[二七]，倾膏血而泥沙之^[二八]。如梁之淮堰^[二九]，隋之运河^[三〇]，民不堪命，犹复摧元气于余生，社且为墟，方将举大工于百废，谁为厉阶^[三一]？皆此计利忘害之一念也。

善哉李公之铭曰^[三二]："深淘滩，低筑堰。我斯言，万世见。"嗟乎^[三三]，仁人之言，其利溥哉^[三四]！将与乾坤日月同流而无极矣。后之读是书者，其善守李公遗规，慎勿侥幸非常之利，而贻斯民以无妄之害也夫^[三五]！

辛亥六月钦命头品顶带侍郎衔护理四川督院督办川滇边务大臣太

和王人文谨叙[三六]。

〔注〕

　　〔一〕夥（huǒ）：多。

　　〔二〕潴（zhū）泄：蓄水和放水。

　　〔三〕曷为：为何，为什么。《战国策·齐策一》："此不叛寡人明矣，曷为击之？"

　　〔四〕宣统庚戌：即宣统二年，1910 年。

　　〔五〕人文：即王人文。

　　〔六〕布政：布政使的省称。布政使，官名。明洪武九年（1376）改行中书省为承宣布政使司。宣德后，全国府、州、县等分统于两京和十三布政使司，每司设左、右布政使各一人，为一省最高行政长官。后因军事需要，增设总督、巡抚等官，权位高于布政使。清代始正式定为督、抚属官，专管一省的财赋和人事。康熙六年（1667）后，每省设布政使一员，直隶亦设，江苏则设二员，分驻江宁、苏州。俗称藩司、藩台。

　　〔七〕同知：官名。称副职。宋代中央有同知阁门事、同知枢密院事，府州军亦有同知府事、同知州军事。元明因之。清代唯府州及盐运使置同知，府同知即以同知为官称，州同知称州同，盐同知称盐同。

　　〔八〕"先人"句，指钱茂父亲钱璋曾于同治年间为灌县知县事。先人，指已故的父亲，此指钱璋。

［九］条指：逐条指摘。

［一〇］总督：官名。明代初期在用兵时派部院官总督军务，事毕即罢。成化五年（1469）始专设两广总督，后各地逐渐增置，成为定制。清代始正式以总督为地方最高长官，辖一省或二三省，综理军民要政，例兼兵部尚书及都察院右都御史衔。另有主管河道及漕运事务者称河道总督、漕运总督。赵公：指赵尔巽（1844—1927）。1911 年 4 月，原四川总督、赵尔丰（1845—1911）之兄赵尔巽调任东三省总督，朝廷将其弟赵尔丰调任四川总督。

［一一］东三省：东北奉天（辽宁）、吉林、黑龙江三省的合称。

［一二］护院：清制，抚台离职，由藩台或臬台暂时代理，称为"护院"。院，指抚院。

［一三］幕职：地方长官的属吏，因在幕府供职，故称。宋赵升《朝野类要·幕职》："幕职：金判、司理、司法、司户、录参、节推、察推、节判、察判之类。"参事：官名，职务名。隋时掌管桥梁渡口的都水台有参事。清末和民国初年政府机关亦设参事。

［一四］助理：辅助治理，今多用于职务名称，指协助主要负责人办事的人员。

［一五］入觐：指地方官员入朝见帝王。

［一六］理董：订正、整理。赓（gēng）续：继续。

［一七］抑：此处为发语词。

［一八］禹：或作夏禹。夏代开国国君。姒姓，名文命。鲧子。鲧治水无功，舜命禹为司空继续治水。禹亲历各地疏通江、河，平洪水，理山川，别土地等级，制定贡赋。相传舜选禹为继任人。舜卒，

得各部族拥戴为天子。建立夏代，号夏后。传说曾铸象征国家之神器九鼎。又传禹年百岁，卒于会稽。今绍兴有禹陵。

[一九] 开明：传说中的古帝名。任古蜀国相，后为蜀王。《太平御览》卷五六引汉应劭《风俗通》："望帝自以德不如，以国禅与鳖令，为蜀王，号曰开明。"

[二〇] 李冰：战国时人。秦昭王时任蜀郡守。发动民众，分岷江为内外二支，修堤作堰，即今之都江堰，灌溉田亩万顷。又开凿溷崖，疏通沫水，治文井江，使蜀地沃野千里，而无水患。又曾在广都开凿井盐。

[二一] 《夏书》：指记载夏代史事的书。《尚书》中《禹贡》《甘誓》《五子之歌》《胤征》共四篇，旧亦称《夏书》。近人多以《禹贡》为后人所作，《五子之歌》《胤征》为伪《古文尚书》，《甘誓》可能本是《商书》的一部分。

[二二] 《传》：指本书《历代都江堰功小传》。

[二三] 气化：指阴阳之气化生万物。《二程遗书》卷五："万物之始皆气化；既形然后以形相禅，有形化；形化长，则气化渐消。"意谓气化而生万物之后，各物种就能一代一代遗传下去。

[二四] 情势：情况和趋势、形势。

[二五] 太史公：汉司马谈为太史令，子迁继之，《史记》中皆称"太史公"。后世多以之称司马迁。

[二六] 厥：助词。之。《尚书·无逸》："自时厥后，亦罔或克寿。"

[二七] 觊（jì）：希望，企图。《楚辞·九辩》："事亹亹而觊进

兮，蹇淹留而踌躇。"

[二八]膏血：（人的）脂肪和血液，比喻用血汗换来的劳动成果。

[二九]淮堰：一名浮山堰。南朝梁武帝时筑。在今安徽明光市北八十里，浮山村北淮河上。《水经·淮水注》："淮水又东径浮山，山北对巉石山。梁氏天监中，立堰于二山之间。"《元和郡县图志》卷九"招义县"："浮山堰，在县西北六十里。梁天监十三年与荆山堰同时所筑。"

[三〇]运河：特指京杭大运河。从春秋时吴国开挖邗沟开始，以后屡加开挖疏浚，至元朝形成一条自大都（今北京）直达杭州的南北大运河。

[三一]厉阶：祸端。《诗·大雅·桑柔》："谁生厉阶，至今为梗。"毛传："厉，恶。"

[三二]李公：指李冰。

[三三]嗟乎：亦作"嗟呼"，叹词。表示感叹。《韩非子·内储说下》："嗟乎！臣有三罪，死而不自知乎？"

[三四]溥（pǔ）：广大，大。《诗·大雅·公刘》："逝彼百泉，瞻彼溥原。"郑玄笺："溥，广也。"

[三五]也夫：语气助词，表感叹。欧阳修《读李翱文》："呜呼！在位而不肯自忧，又禁他人使皆不得忧，可叹也夫！"

[三六]头品：古代职官中的最高品级。顶带：清代用以区别官员等级的帽饰。依顶珠品质、颜色的不同而区分官阶大小。也称"顶子""顶戴"。侍郎：古代官名。汉制，郎官入台省，三年后称侍郎。

隋唐以后，中书、门下及尚书省所属各部皆以侍郎为长官之副。至清雍正时，递升至正二品，与尚书同为各部的堂官。

〔译 文〕

《都江堰功小传》这本书，为记载有功于都江堰的人而作传。可称为堰的水利工程有很多，在此仅限于都江堰流域的堰功。以往都江堰所在的岷江之水，曾经危害百姓，有了都江堰的引水与排泄，才变得有利而无害，所以才称为"堰功"了。都江堰不能自己有功于民，是谁让它有功的呢？都江堰也不能长久地有功，是谁让它长久地有功的呢？这都是因为有人，它才会有功的。以上这些人既然让都江堰为百姓立功，而都江堰灌溉田地，田地上的农民世代受其功德，而不知道这些人的姓名，怎么可以呢？所以不能没有文字来记录这些有功的人。为什么要记得这么简略呢？历史上治理都江堰的人，有的声名显赫，有的业绩伟大，这册《小传》只限于记录他们治理都江堰的功绩，其他业绩都略去了，这样看来简略也是合适的。

宣统庚戌年（1910），王人文在任职四川布政使期间，署成都水利同知钱茂奏报称，他的父亲钱璋曾为灌县知事，对于治理都江堰有一定功劳，并列举出先后治理都江堰有功之臣三十多人，请列入祀水祭祀人物。然而，列入名单中疏漏很多，经本人逐条提出疑问，令其搜索考证各人事迹，为每人都撰写小传，编印成书，以便今天的人能明了，并能传诸后世。已由赵尔巽总督批准执行。第二年，赵尔巽转往东北三省任职，由本人代理总督之职。恰逢同知钱茂撰写的书稿呈上，书中撰辑堰功一百多人，人物繁杂，有错讹者，也有该入而未入的。于是，我以公务闲暇之时与农科参事楼蓉然、秦楠助理共同商议进行删订，期望能使文字简练而事实准确。恰逢朝廷督边调任之命，本人奉命进京觐见皇帝，此书只得仓促付印。希望将来有志于此的后人君子，能尽心为民办事，对此书继续进行订正整理。若能以此书为先导开展深入的研究，更是我王人文期待和感念的。

要说中国的水利之事，总是蜀地遥遥领先，大禹是蜀人，开明是蜀帝，李冰是蜀守。大禹的事迹都载入《夏书》，其恩泽遍及天下。而李冰治理都江堰的方法，功绩遍布全川，这册《小传》中的人物都继承了李冰治水的方法和理念。

水既可以是天下之大利，也可以为天下之大害。同样是一座水利工程，有的因修筑而享水之利，有的却因修建而被水所害，为什么呢？遵循古人顺应自然规律的理念而建，所以能享水利。违背古人顺应自然规律的理念而建，所以遭受水害。大概天地之间自然之外，是无所谓利的。天有寒暑昼夜，周流不息，这是天体运行的规律。地有山林泉泽，孕育万物，这是大自然的运行规律。人居住在天地自然之间，只能顺应天地的变化，遵循自然运行的规律，顺应自然，趋利避害而已，怎么能违背自然规律或超越自然之外而创造什么利益呢？

所以太史公司马迁在记述大禹功绩时说："洪水泛滥，国人深受其害。"在记述李冰功绩时说："避免了洪水之害。"可见先贤治水之初的理念不是兴利。后人治水的理念日益衰废，被歪理邪说所迷惑，急功近利，视人民血汗和财富如泥沙。如古梁国建造的淮堰（战国时建设在淮河的芍陂），隋朝时开凿的运河，劳民伤财，还要摧毁仅存的一点元气。家园都成了废墟，还想在这废墟上立大功，这是谁造的祸端呢？都是因为见利而忘害，一念之差造成的。

值得庆幸啊，李冰为我们留下了"深淘河滩，低筑堤堰。我留遗言，万世可鉴"的遗训。唉，先贤遗训的利益是何等深远广阔啊。必将与天地同在，与日月同辉。希望将来看到此书之人，能领会李冰治水遗训，千万不要心存侥幸去贪图非常之利，而为百姓造成无妄之灾啊！

辛亥年（1911）六月，钦命头品顶带侍郎衔护理四川督院督办川滇边务大臣太和王人文谨叙。

历代都江堰功小传略例

一、是书原稿四卷，兹删其舛讹繁复者十之八九，仍搜采他书，补入事迹，都为上下二卷，通计一百人。其原稿四册，仍由督署归档备查[一]。

二、历史传志，原有论赞[二]。然马迁以后，渐失宗风，只以词旨雅洁存之。原稿"赞"多赘衍，并参以凿空之词[三]，或神弦之语[四]，殊乖体裁[五]，今悉从删。

三、题系"都江"，自应以都江流域为断，查核《四川通志》与揭傒斯《碑记》[六]，及《蜀水考》第二段[七]，当以灌、郫、温江、崇宁、新繁、新都、汉、金堂、成都、华阳、崇庆、大邑、双流、新津及彭山、眉、青神十七州县为都江流域。原稿疏于域内，侵及域外，如剑州阴平县、绵州巴西县，及仁寿、资阳等县，均与都江无涉。若一概收入，则此外潼川等处，尚有巨大堰功，不应遗缺。兹于域外削六人，域内补入白敏中等十三人。

四、题系"堰功"，应以治堰实迹为断[八]，原稿王延世功在黄河[九]、赵昱[一〇]、黄璟等二十人，或有功于蜀，实未治堰；或事无实据，强为傅会，或仅系作文记事，未与其功。至于高骈[一一]，虽曾治堰，并未见功，即有微功，仍不足以掩叛逆大罪。兹概削除，期归严正。

五、凡《传》《志》不录生存，所以别嫌明微。兹于原稿生记，仍从割爱。

六、考据未确者，未敢率改，如高荫爵堰功[一二]，《灌志》与《通志》相符，惟年岁前后稍异，原稿因《先正事略》载"康熙五十五年高其佩为四川按察使"[一三]，遂疑荫爵是时不得为按察司佥事，甚且谓"国朝无此官名"，竟以堰功改归其佩，殊为武断，兹仍从旧志。

七、《通志》引《唐书》前后矛盾，及与他书互异之处，如章仇兼琼于开元中称益州长史[一四]，又于开元二十八年称采访使，又称开元中益州刺史、天宝中长史，前后官秩不伦，盖沿《唐书·地理志》之误。《鹤山文钞》《蜀辖日记》称刺史[一五]，均与当日历官未合，其误章为张，尤显然易见者。兹据《唐书·吐蕃传》及《文献通考·职官考》[一六]，酌量改定。

八、历代都江堰功，人数必不止此，兹因公余急就，未获博访遐稽，仅据《灌县志》《四川通志》《华阳国志》以证原稿[一七]，旁及《蜀典》[一八]《蜀水考》《史记》[一九]《汉书》[二〇]《三国志》[二一]《水经注》[二二]《文献通考》，唐、宋、元、明各史志，《鹤山文钞》《禹贡锥指》^[二三]《蜀轺日记》。

九、《国朝先正事略》《中兴名臣事略》^[二四]《满汉名臣传》^[二五]《甘泉乡人稿》^[二六]，暨《丁文诚奏议》诸书^[二七]，借资甄采，其已入传内诸人，仕履、籍贯无考者，仍从缺如，匡谬补遗，敬俟博雅。

[注]

[一] 督署：总督衙门。

[二] 论赞：附在史传后面的评语。汉朝司马迁的《史记》称"太史公曰"，班固的《汉书》、南朝宋范晔的《后汉书》称"赞"，晋朝陈寿的《三国志》称"评"，汉朝荀悦的《汉纪》称"论"，三国吴谢承的《后汉书》称"诠"。其名虽殊，义则一致。唐朝刘知幾的《史通》一书，总称为"论赞"，今皆沿用。

[三] 凿空之词：空泛而没有根据的言辞。凿空，缺乏根据。

[四] 神弦：犹心弦，指精神。

[五] 乖：背离，违背。

[六]《四川通志》：清常明修，杨芳灿纂。常明，曾任兵部尚书兼都察院右都御史，四川总督。杨芳灿（1753—1815），字才叔，一字蓉裳，江苏无锡人。乾隆四十二年（1777）拔贡。晚年入蜀主纂《四川通志》。嘉庆十七年（1812）春，常明领衔督修《四川通志》，聘杨芳灿为主纂，十九年冬完成初稿，继而增削历两年多，二十一年始刊刻成书。《四川通志》共二百零四卷，分为十二志，依次为天文志、舆地志、食货志、学校志、武备志、职官志、选举志、人物志、

经籍志、纪事志、西域志、杂类志。卷首另载圣训、宸章二十二卷，书前有常明、李銮宣、陈若霖序，凡例、重修《四川通志》奏折、修志姓名、原修姓名、原志目录、新志目录等。该志基本上采用两级编目，唯《人物志》"列女"目采用三级编目。蜀地西为少数民族聚居地，专门设立《西域志》，对前、后藏的史料以及边防土司记载详核。综观该志，分纲列目，简明扼要。揭傒斯（1274—1344）：字曼硕，龙兴富州（今江西丰城）人。曾上《太平政要策》，参与编修《经世大典》，著有《揭文安公集》。这里的《碑记》，指《大元敕赐修堰碑》）。

〔七〕《蜀水考》：陈登龙撰。登龙，字寿明，号秋坪。乾隆三十九年（1774），举于乡。后试用知县，署天全州，即前大金川地。登龙官蜀中有年，著有《理堂志略》《天全闻见记》。《蜀水考》共四卷，综述全川之水。其以岷江为经，众水为纬。网罗载籍，剪裁熔铸，溯源析流，一以贯之，征引宏富。疆域沿革，名称方位，今昔虽殊，皆有考证。然疆域、沿革、名称、方位历代不同，未能一一注明，后经朱锡谷、陈一津分段诠疏，重为补注，使此书趋于完整翔实。

〔八〕实迹：真确的事实，亦偏指业绩。

〔九〕王延世：字长叔，西汉末年犍为资中（今四川资阳）人。成帝初年，黄河决口于馆陶及东郡金堤，泛滥四郡三十二县。王延世被任为河堤使者，征调民工以大竹笼盛石用两船夹载投于决口，历时三十六日，塞决成堤，因功升光禄大夫，封关内侯。后二岁，黄河决口平原郡，王延世与杨焉、许商等再次治河，六月即成。

[一〇] 赵昱：隋朝嘉州太守，曾斩杀恶蛟，为二郎神的道教身份。《方舆胜览》载："（赵昱）隐青城山，隋炀帝起为嘉州太守。时犍为潭中有老蛟为害，昱率甲士千人，夹江鼓噪，昱持刀入水，有顷，江水尽赤。昱左手执蛟首，右手持刀，奋波而出。隋大乱，隐去，不知所终。后嘉陵水涨，蜀人见昱青雾中骑白马，从数猎者于波面过。太宗赐封'神勇大将军'。"到了《嘉定府志》中，则说百姓们感戴赵昱的恩德，在灌江口立庙奉祀他，俗称"灌口二郎"。《常熟县志》所记也大体相同。《八闽通志》又说宋真宗时张咏入蜀平乱，得到二郎神的帮助。事后张咏奏请追封川主赵昱为"清源妙道真君"。

[一一] 高骈（？—887）：字千里，唐幽州（今北京西南）人。世代为禁军将领，屡统兵驻西南。僖宗时历天平、剑南、镇海、淮南节度使，加诸道行营都统、盐铁转运等使。镇压黄巢起义军。后慑于义军声势，又因内部倾轧，遂坐守扬州，割据一方。光启中为部将毕师铎所杀。事见《新唐书》卷二二四下。

[一二] 高荫爵（1655—1712）：字子和，奉天铁岭（今辽宁铁岭）人，隶汉军，大学士高其倬之父。康熙初年，任直隶蠡县、三河县知县。赈济水灾，捕治蝗虫，捍护堤防，打击豪强；设义仓，置乡学。升顺天府南路同知、湖北德安府同知至四川松茂道、直隶口北道。曾督筑南河界首堤防。

[一三] 《先正事略》：即《国朝先正事略》，清李元度撰。全书分名臣、名儒、经学、文苑、遗逸、循良、孝义七门。起开国，迄咸丰朝。正传五百人，附见者六百零八人。立传限于"先正"，如琦

善、奕经之流则贬弃不传。撰自同治三年（1864），同治五年脱稿。有同治年间刊本。后有人将朱孔彰《中兴将帅别传》改署《国朝先正事略续编》随附刊行。

[一四] 章仇兼琼：唐颍川人，为剑南节度使。曾开渠堰以利灌溉。

[一五]《鹤山文钞》：魏了翁著。了翁（1178—1237），宋邛州蒲江人，字华父，号鹤山。宁宗庆元五年（1199）进士。累知嘉定府。史弥远入相，了翁力辞召命，居白鹤山授徒讲学。历知汉州、眉州，在蜀凡十七年。《蜀輶日记》：陶澍著。澍（1778—1839），字云汀，湖南安化人，嘉庆间进士。道光中，先后治理安徽湖、刘河，筹划太湖水利，疏浚海口；试办漕粮海运，上海运章程八条；兼理淮南盐政，大加整顿、改革，条上十五事，绩效颇著。

[一六]《文献通考》：元马端临撰。杜佑《通典》叙历代典制，至唐天宝而止，其后阙而未备，端临乃因杜书而广之，历时二十余载撰为是书。其中所载宋制最详，多《宋史》各志所未备。案语亦多能贯穿古今，折衷至当。虽简严稍逊《通典》，而详赡则过之。为研究中国古代典章制度之重要史籍。

[一七]《华阳国志》：东晋常璩撰。十二卷，附录一卷。包括巴、汉中、蜀、南中等十二志。记述上起远古下迄东晋穆帝永和三年（347）期间巴蜀地区的历史、地理、风俗暨公孙述、刘焉、刘备、李特等事迹。因巴蜀属《禹贡》梁州，故取梁州"华阳黑水惟梁州"首二字为书名。作者系蜀郡江原（今四川崇州市）人，熟谙蜀事，故此书对蜀汉事迹及蜀中晋代史事记述尤详，是研究中国西南地区的

重要历史资料。今人任乃强《华阳国志校补图注》为集大成者，用力最深，多有创见。

[一八]《蜀典》：清张澍编撰。十二卷。书成于嘉庆二十三年（1818）。张氏任四川屏山、兴文、大足等县知县时，为配合纂修《四川通志》，收集地方志资料，提供省志选用。《四川通志》书成后，复将"游目所及，涉想所经"，随时著录的资料，加以审定，撰成是书。

[一九]《史记》：中国第一部纪传体通史。西汉司马迁撰。初名《太史公书》，又称《太史公记》《太史记》《太史公》。起于传说中之黄帝，止于汉武帝时期，共一百三十篇，包括十二本纪、十表、八书、三十世家、七十列传。全书规模宏大，体制完备，首创以本纪、列传为主，书、表相辅的编纂方法，为后世纪传体史书所取法。因记叙翔实，内容丰富，材料系统，文字生动，成为人们研究汉武帝以前中国历史的重要典籍。

[二〇]《汉书》：东汉班固撰。中国第一部纪传体断代史。共一百篇，包括十二纪、八表、十志、七十列传，后人析为一百二十卷。书中保存的西汉史料比较丰富。所记汉武帝中期以前历史，虽多移自《史记》，但内容亦有增补。

[二一]《三国志》：西晋陈寿撰。六十五卷。记魏、蜀、吴三国事迹，其中《魏志》三十卷、《蜀志》十五卷、《吴志》二十卷。纪传体，但只有纪、传，无表、志。书中以魏为正统，对魏君称帝，对蜀、吴之君称主。该书取材谨严，文笔简净，记事比较真实，虽于魏、晋交替之际对司马氏有所回护，但就全书而论，不采传闻杂说，

剪裁颇称用心。但记载过于简略，对一些重要历史事件和人物事迹，语而不详，甚至遗漏。

[二二]《水经注》：北魏郦道元著。四十卷。其文二十倍于《水经》，内容丰富，体例严谨，所记河流，除《水经》记载的干流一百三十七条外，又引及支流一千二百五十二条。详细地记载了河流所经地区的山陵、原隰、城邑、关津的地理情况、建置沿革和有关历史事件、人物，甚至神话传说，是 6 世纪前中国最全面而有系统的综合性地理名著。

[二三]《禹贡锥指》：清胡渭撰。二十六卷。康熙四十一年（1702）成书。此书在前人注释《禹贡》的基础上，广征博引，逐句加注，亦提出自己的见解，订正前人注释中的一些谬误。

[二四]《中兴名臣事略》：朱孔彰著。孔彰（1842—1919），清江苏吴县人，原名孔阳，字仲武，改字仲我，晚自署圣和老人。朱骏声子。光绪八年（1882）举人。少入曾国藩军营幕府，留营读书。熟于咸同时军事情况。宣统时掌教安庆存古学堂。

[二五]《满汉名臣传》：清国史馆辑。八十卷。记清开国至乾隆朝人物。正传九百一十八人，附传一百六十七人。

[二六]《甘泉乡人稿》：清钱泰吉撰。泰吉（1791—1863），字辅宜，号警石，又号深庐先生，浙江嘉兴人。钱泰吉以廪贡为海宁州训导近三十年，与其兄仪吉（号衎石）以才识时称"嘉兴钱氏二石"。自中年后肆力为古文和词，尤精于笺疏考证。《甘泉乡人稿》二十四卷，其中卷七至卷九为《曝书杂记》（原刻于同治七年），文一百五十七则，举凡嘉庆间海内尚未考据之说，均欲加考订；虽一字

之舛，亦旁求众证，观点是尊汉黜宋。卷一至卷六、卷十至卷二十则为书、议、论、记、序、跋、行状、墓表，以及其他杂著。卷二十一为"读旧书室古今体诗"；卷二十二至卷二十四为"可读书斋古今体诗"。

［二七］《丁文诚奏议》：丁宝桢撰。宝桢（1820—1886），字稚璜，贵州平远人。咸丰进士，历官山东按察使，巡抚至四川总督，加太子少保。光绪初年，任四川总督，饬吏治，大修都江堰，建机器局，改革盐政，颇著绩效。

［译 文］

一、这本书原稿共四卷，现删除其中错讹重复等内容八九成，再采集其他书籍补入相关入选人物事迹，整理为上下二卷，共计一百人。其原稿四册仍由总督署归档备查。

二、历史传志，原有"论赞"内容。但司马迁以后，逐渐失去原来的传统，只保留了华丽雅致之词。原稿的"论赞"多累赘繁复，并且掺杂空虚无凭之词或玄秘深奥之语，与本书体裁相违背，今一并删除。

三、书名提到"都江堰"，就应该以都江堰流域为限，查核《四川通志》与揭傒斯《碑记》以及《蜀水考》第二段，当以灌县、郫县、温江、崇宁、新繁、新都、广汉、金堂、成都、华阳、崇庆、大邑、双流、新津及彭山、眉山、青神十七州县为都江堰流域。原稿对流域内有疏漏而旁入到流域之外，如剑州的阴平县、绵州的巴西县及仁寿、资阳等县的，均与都江堰不相干。若一概收入，则此外的潼川等处还有巨大的堰功不应遗缺。因此，本书对流域外的削减六人，流域内补入白敏中等十三人。

四、书名提到"堰功"，就应该以治理都江堰的实绩作为评判标准。原稿中的王延世治水功绩在黄河，赵昱、黄璟等二十人可能有功于蜀，实际上没有治理过都江堰。或者事无实据，勉强为其立传，或者仅仅是作文记事，没有实际功绩的（不予列入）。至于高骈，虽曾治理都江堰，但看不出他的功绩，即使有小功，仍然不足以掩盖其叛逆大罪。因此一概削除，以示严正。

五、凡是《传》《志》都不录在世者，是为了避免嫌疑。原稿录有在世者的一并忍痛删除。

六、对考据不确实的，不作轻率改动，如堰功高荫爵，《灌县志》与《四川通志》记载相符，只是在任职时间前后稍有差异。原稿因《先正事略》记载为"康熙五十五年高其佩为四川按察使"，由此怀疑高荫爵这时不应为按察司金事，甚至说"国朝无此官名"，竟然将堰功改归到高其佩名下，这样做太武断了。因此仍然沿用旧《志》。

七、《四川通志》引《唐书》内容前后矛盾，以及与其他史书互异之处，如章仇兼琼于开元中称"益州长史"，又于开元二十八年称"采访使"，又称"开元中益州刺史""天宝中长史"，其前后官秩相左，是由于《唐书·地理志》上出现错误。《鹤山文钞》《蜀辂日记》称为"刺史"，都与当时所任官职不合。其误将"章"作"张"更是显而易见的错误。现依据《唐书·吐蕃传》及《文献通考·职官考》酌情改定。

八、历代都江堰功人数必然不止这些，只因本书是在公务之余且在极短的时间内完成的，未能博采众家和深入考证，仅依据《灌县志》《四川通志》《华阳国志》来考证原稿，也参考了《蜀典》《蜀水考》《史记》《汉书》《三国志》《水经注》《文献通考》，唐宋元明各代史志以及《鹤山文钞》《禹贡锥指》《蜀辂日记》等史料。

九、《国朝先正事略》《中兴名臣事略》《满汉名臣传》《甘泉乡人稿》及《丁文诚奏议》等书都用于本书的甄别采纳，已入《传》内之人的任职履历、籍贯无法考证的，仍然空缺。匡正谬误，补充遗缺，敬待博雅之士。

总督部堂赵札文 附原详[一]

为札饬事。

据布政使司呈详，署成都水利同知钱茂请将有功水利先哲建祠立主会县祭祀[二]。查核原折开列人名颇有疏漏，拟饬详加搜考，并查取诸公仕履、年贯、事迹，分制小传，刻订成书，借作《堰功掌故》一案。

据此，当经本督部堂批[三]，据详甚是。候檄饬水利同知遵照办理，先后任均不得互相推诿[四]，以襄盛举。钱署丞系发起人员[五]，未离任所以前，尤应悉心搜考移交。并登报宣布，凡有可补遗者，无论何人，许即录送该厅，俾资参证[六]。此缴除批印回外，合就札行。为此札仰该同知即便遵照办理[七]。此札。

布政使司王详，为详请事案，奉宪台批：据署成都水利同知钱茂详请将有功水利先哲建祠立主会县祭祀一案，遵即录批，分别移行，并据该署丞开折具详到司各在案。

惟查折开有功江堰立主祠龛者[八]，自禹以下三十一人，大致粗具，而疏漏者颇多。李唐三百年，名臣宦蜀，史不绝书，何至留心堤堰，阒其无人[九]？然此犹时代较远也。有明去今尚近，其时官吏尤能注意堰工。就《通志》所载，如成化九年，巡抚夏埙以远人赴役不便，将郫、灌杂派科差，均摊得水州县，专备工料，以供堰务。弘治九年，添设佥事，专督堰工。时灌县知县胡光，伐石冶金，即旧址甃砌为防，贯以铁锭柱三，使当湍势[一〇]，石堤中贯铁处，固以油灰。正德间，卢翊均役作笼，即因其成绩。今既列卢翊，不应独遗夏埙、胡光。又嘉靖间成都守蒋宗鲁，欲修秦守之政，具事以请；宪副施君，檄崇宁尹刘守德、灌尹王来聘，谋铸铁牛，昼夜勤事，绝流浚沙，凿江底。及牛成，迎水之冲，欢声震山谷。同事通判张仁度，亦与有劳。万历乙亥，江溢堰圮。成都知府徐元气、灌县知县萧奇熊列状修复，巡抚御史郭庄，虑益深长，增以铁柱，命寻牛趾而浚之，诸岸间植三十铁柱，又树柱以石，护岸以堤。水利佥事杜诗，亦相与悉心区画。凡此皆与胡子祺、吕翀后先辉映，或功业更居其右，皆应分别补入者。

逮乎国朝[一一]，经献逆乱后[一二]，堤堰尽决，沙石填淤。顺治十六年，巡抚高民瞻、监军道程翊凤，倡首捐集银二千有奇，缘李冰旧制，修筑淘凿，以开民利。十八年，巡抚佟凤彩继之。今有佟公，而无高、程两公，亦殊未允。至乾隆间，布政使林儁，初守成都，修都江各堰，通济农田；布政使姚令仪，先在成都府任，修葺江堰，亦卓越有声。两藩司政绩，载入志乘，彰彰在人耳目间，似均未可听其湮没者[一三]。

本司役心簿领[一四]，无暇旁搜[一五]，尚能得其一二，则此外散见于古籍雅记，及府县志者，当更不乏其人。该署丞官处闲曹[一六]，责司水利，既能发起此举，必须略求完备，庶食德服畴者[一七]，不至数典而忘祖[一八]。而兴利除害者，皆获崇德而报功[一九]，合无仰恳宪恩[二〇]？据详檄饬钱署丞茂，按照所指诸先哲补主入祠；一面咨访绅耆，搜考传记，凡属有功于堰，皆应附祀于龛，毋滥毋遗，必求翔实；并悉心查取诸公仕履、年贯、事迹，分制小传，刻订成书。非徒发潜德之幽光[二一]，兼可作堰功之掌故，甚盛事也。

再满蒙人员，多不著姓氏，以名首一字行。然既书木主，宜正姓名。如巡抚宪德姓西鲁特氏，当冠以西鲁特公某；巡抚硕色姓乌雅氏，当冠以乌雅公某。今称宪公德、硕公色，是分拆其名矣。他可类推。又文翁名党，系庐江舒人。诸公皆列名，不应文翁独缺，亦须补填。至先后位置，既以时叙，则强望泰系道光时任，名业卓然，现有强公祠在城外，蜀人称到于今，应列在同治间之钱璋以上。凡若此类，均请饬令一并详核更正，免贻后人訾议[二二]。

是否有当？理合具文，详请宪台俯赐察核，批示饬遵。

为此具由，呈乞照详施行。宣统二年十月　日。

[注]

[一] 详：旧时对上陈报、请示的公文。

024

　　［二］先哲：先世的贤人。

　　［三］部堂：清代各部尚书、侍郎之称。各省总督例兼兵部尚书衔者，也称部堂。

　　［四］推诿（wěi）：推卸责任，推辞。

　　［五］署丞：官名。署之次官。从八品。钱署丞，指钱茂。

　　［六］俾（bǐ）：使。参证：参考验证。

　　［七］仰：旧时公文用语。上行文中用在"请、祈、恳"等字之前，表示恭敬；下行文中表示命令。

　　［八］龛（kān）：供奉佛像、神位等的小阁子。

　　［九］阒（qù）：形容寂静。

　　［一〇］当：抵挡。

　　［一一］逮：到，及。

　　［一二］献逆：指明末清初张献忠屠川。

　　［一三］湮（yān）没：化为乌有。

　　［一四］役心：用心。簿领：谓官府记事的簿册或文书。

　　［一五］旁搜：广泛搜求。

　　［一六］闲曹：清闲的官府。

　　［一七］庶：表示希望发生或出现某事，进行推测；但愿，或许。食德：谓享受先人的德泽。语本《周易·讼卦》："六三，食旧德。"服畴：犹服田，谓从事农活。

　　［一八］数典而忘祖：谈论历来的制度、事迹时，把自己祖先的职守都忘了。比喻忘本，也比喻对于本国历史的无知。《左传·昭公十五年》："籍父其无后乎！数典而忘其祖。"典，指历来的制度、

事迹。

[一九] 崇德而报功：尊崇有德行的人，酬报有功劳的人。《尚书·武成》："惇信明义，崇德报功，垂拱而天下治。"

[二〇] 合无：犹何不。恳：请求。仰恳宪恩：请求公文常用套语。

[二一] 潜德：不为人知的美德。

[二二] 訾（zǐ）议：非议、指责、批评。

[译　文]

四川省总督对《堰功掌故》的批示（附原请示）。

根据布政使司请示呈文，成都水利同知钱茂请将有功于水利的先贤建祠立庙一并祭祀，经查核原折，所列人名，疏漏很多，拟指令其详加收集考证，并查考各先贤的入仕履历、年龄、籍贯和事迹，分别作小传合订成书，拟书名为《堰功掌故》。

据此，本总督当即批示，赞同（布政使的）批示。待（总督府）下文到达后，即由水利同知遵照办理。（水利同知）先后接任者，均不得互相推诿，以共同完成这一盛举。水利同知钱茂系发起人，未离本职以前，尤其应该用心搜集资料考证真伪后移交，并登报公布，凡是能提供可以补充遗漏残缺的，无论他是什么人，都允许立即录入并送水利厅，以资参考佐证。此批示，除发回来文处外，当与此文一并执行。为此专文回复，希望成都水利同知钱茂，即可遵照办理。专此批示。

布政使司王人文，请示如下：

奉总督批复，成都水利同知钱茂请求将有功于水利的先贤建祠立庙一并祭祀，已遵照指示抄录且分别向相关部门移交，并根据水利署同知开列的移送部门已移送各部记录在案。

查（成都水利同知钱茂）《请示》文中有功于都江堰主张入祠者，自大禹以下三十一人，大致初具规模，而疏漏处有很多。李氏唐朝三百年，名臣名宦在蜀地之人可谓是史不绝书，为何留心水利工程者寂静无闻？当然，这是时代较远的缘故。明朝一代距今也算近了，其时的官员尤为重视都江堰水利工程。《四川通志》所载的，就有如成化九年（1473），四川巡抚夏埙，因为路途遥远，派人赶赴都江堰服役岁修实在不方便，将郫县、灌县的各种杂役，都均摊到灌区用水的各州县，（郫县、灌县）专门负责都江堰的工役和材料，以供都江堰维修之用。弘治九年（1496），添设水利佥事一职，专门督促都江堰维修工程。其时，灌县知县胡光，凿山开石，在都江堰渠首鱼嘴原址砌石条，扎入铁柱三根，以挡洪峰，又在石条中铸灌铁锚，缝中加灌桐油石灰，使之相连。正德年间，卢翔改定都江堰岁修劳役制度，以竹笼修筑都江堰，因此作出成绩。现在既然列卢翔，就不应该遗漏了夏埙、胡光。还有，嘉靖年间，成都郡守蒋宗鲁，决心效法李冰治水修德之政，将计划向上请示。按察司佥事施千祥和崇宁县令刘守德、灌县县令王来聘，筹划铸造铁牛镇水，日夜操劳，断绝江流，淘浚沙石，直到凿到江底。至铁牛铸成，挺立于鱼嘴要冲，百姓欢声震动山谷。共同完成盛事的还有通判张仁度等，也积极参与，可算是有功之人。万历乙亥年（1575），洪水大涨，都江堰被毁坏。成都知府徐元气、灌县知县萧奇熊规划修复，四川巡抚御史郭庄，从长计议，增加铁柱，命令寻着铁牛之趾进行疏浚，在河岸间植铁柱三十根，又在铁柱间填上石笼，以保护堤岸的分水堤。水利佥事杜诗，也参与了精心规划。这些人都与胡子祺、吕翀的事迹先后相映，其功绩可能还居于他们之上，这些都是应分别补录的人。

到了我朝，经过张献忠的祸乱后，都江堰工程河堤、分水工程尽数被毁，河道被沙石淤埋。顺治十六年（1659），四川巡抚高民瞻、监军道程翊凤，带头捐集白银二千多两，遵循李冰遗留下来的制度，修河道筑河堤，为民谋福利。乾隆十八年（1753），四川巡抚佟凤彩继续修淘水利工程。现在有佟凤彩而没有高民瞻、程翊凤两位大人，也是很不恰当的。至乾隆年间，四川布政使林儁，初到成都任职就修都江堰渠首及各灌溉工程，使河道畅通，农田灌溉方便；布政使姚令仪，在成都府任职时就修河筑堰，也算卓有建树，声名远播。两位藩司的水利政绩也已被载入史册。这些人的功绩，昭昭在目，世人皆知，似乎都不应该被湮没。

本官用心查阅官府文书，没有多余时间去广搜博采，尚且能得到这些本该列入之人，那么散存于古籍雅记以及各府、县志记载的，应当更多。水利官署属清闲之地，其职责为水利，既然能发起此事，理应更加完备，希望能使享受先人德泽之辈，不至于数典忘祖。使兴利除害的有功之人，都得到尊崇，受人敬仰，能不敬仰宪台您的恩德吗？根据详文所报情况，指示水利同知钱茂，按照以上所指将各位古哲先贤补充入祠。一方面咨询访问有关绅士和德高望重者，收集考证先贤传记，凡属有功于都江堰的，都应该一并列入神龛祭祀，不可滥入，也不可以遗漏，考证必须翔实。并且要细心查考各位先贤入仕履历、年龄、籍贯和事迹，分别制作小传，刻印成书。这样做不仅仅是先贤的美德能继续发光，还可以作为堰功故事学习传播，确实是一件盛事。

再有，对满族、蒙古族的先贤，多数资料上没有姓氏，以名字的第一个字行世。然而，既然是要书写于木牌作为牌位，就应该考证其姓名。例如巡抚宪德，姓西鲁特氏，应当冠以西鲁特公某人；巡抚硕色姓乌雅氏，当冠以乌雅公某人。今称"宪公德""硕公色"，这就是分拆其名字了。其他人可以此类推。又如，文翁名党，是庐江舒城人，其他各位都列名，不应该让文翁缺少名字，也必须补填。至于排列的先后位置，既然以时间为序，则强望泰是道光时期任职，知名度和业绩都很卓越，现在有强望泰神庙在城外，四川人至今称道，就应该列在同治年间为官的钱璋以前。凡此之类，都请下令一并详细审核更正，免被后人非议。

是否妥当？

特此来文，请总督大人查核批示，以便遵行。

为此具文，窃望遵照施行。

宣统二年（1910）十月　日

卷上

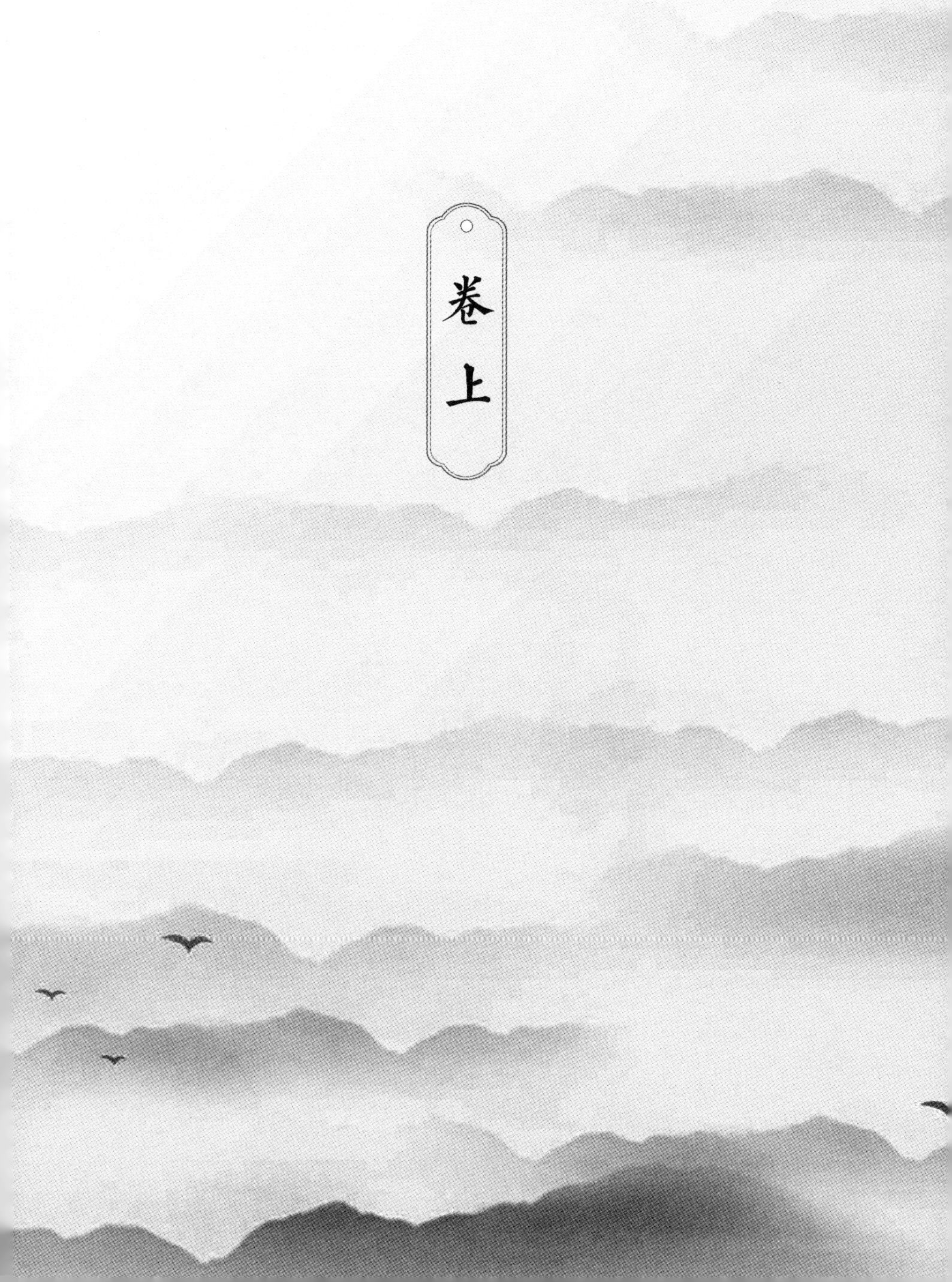

补正人物：岷山导江的大禹^①

关于都江堰水利工程的建设，经历代专家考证认为是大禹肇其端，开明继其后，李冰总其成。

史载，大禹为鲧（gǔn）之子，姒（sì）姓，名文命，号高密（一说字密），出生于古汶山郡广柔县（包括今汶川、茂县、都江堰市及北川在内，一说"广柔，隋改曰汶川"）。因平治洪水有功，受舜帝禅位，开创夏朝，世称夏禹。死后葬于会稽（今浙江绍兴）。"岷山导江，东别为沱"是其首功。大禹是中国古代勤政爱民的典范。

相传，尧、舜、禹为中国上古三大明君。帝尧时，洪水滔天，天下百姓生命倒悬，深陷于愁苦之中。尧帝命鲧治理洪水。鲧采用

---

① 《都江堰勤廉故事选》，中国文联出版社，2013 年。

"堵"的办法，"逢洪筑坝，遇水建堤"，"九年而水不息，功用不成"。反使人民受到更大灾难，因此被"摄行天子之政"的舜诛杀于羽山。

大约在前2100年前后，舜命鲧之子禹继续治理洪水。据《史记》记载："禹为人敏给克勤；其德不违，其仁可亲，其言可信；声为律，身为度，称以出（大禹的言行为天下的标准）；亹亹（wěi）穆穆，为纲为纪……禹伤先人父鲧功之不成受诛，乃劳身焦思，居外十三年，过家门不敢入。"禹虽然接受了舜帝治水的命令，却没有贸然行事。他首先认真总结父辈治水的教训，总结治水的成败得失。然后，率领伯益、后稷等一批忠实助手，跋山涉水，顶风冒雨，到洪灾严重的地区进行勘察，了解各地山川地貌，摸清洪水流向和走势，制定统一的治水规划。鉴于前辈治水无功主要是没有根据水流规律因势利导，而只采用"堕高堙庳"筑堤截堵的办法，一旦洪水冲垮堤坝便前功尽弃，因此确立了一条与前人的"堵"相反的叫作"疏"的方针。顺应天地自然，采取高处培土，低处疏浚，成沟河，除壅塞，开山凿渠，疏通水道，增开人工河道等方法，让洪水能更快通过。历时十三年，终于"开九州，通九道，陂九泽，度九山"，把华夏大地上的洪渊填平，河道疏通，使水由地中行，经湖泊河流汇入海洋，有效治服了当时的洪水灾害，"以告成功于天下"。

相传，大禹到了30多岁还没娶妻，在涂山（其地说法不一，有今安徽省蚌埠市、浙江省绍兴市和重庆市等）遇到一个名叫女娇的姑娘，两人相互爱慕，便成了亲。新婚仅仅四天，还来不及照顾妻子，为了治水，便到处奔波，三次经过自己的家门，都没有进去。大禹外出治水后，第一次路过家门是在出门后的第十个月，他带人修渠路过家门，这时，妻子涂山氏刚刚生下儿子夏启没几天。这天，大禹路过家门，正巧听到自己的孩子"呱呱"的啼哭声，妻子涂山氏边哄孩子边骂大禹不顾家。同行的人都放慢了脚步。有人说："禹王，您回家住几天吧！"大禹没有停住脚步，边走边说："现在灾情严重，治水要紧！"还有人说："你还没有见过自己的亲生孩子，回家看一眼吧。"大禹也很想进门去看看妻子和刚出生的孩儿！可一想，工程的事大，还有许多事要他去办，因而摇了摇头，郑重地说："我现在重任在肩，可不能因家事而误了国事呀！"说完，他就大踏步地向前走去。

第二次路过家门时，他看见抱在妻子怀里的儿子已经会说话了，妻子抱着儿子看见了大禹，赶忙出来迎接，看到大禹一副疲惫的模样，妻子涂山氏疼惜地说："快回家歇歇吧！看你累的，我给你换身衣服。"大禹接过儿子亲了亲，说："不成哪，许多人被洪水围在高地，我要去救人哪！"说着，把儿子送到妻子怀里，安慰了她几句，就转身走了，还是没有回家。

第三次过家门，儿子已长到10多岁了，当妈妈告诉他爸爸就在家门口时，小夏启使劲把他往家里拉。大禹深情地抚摸着儿子的头，叫他告诉妈妈，因为治水工作非常繁忙，他一时还回不了家。不过他们凿山开渠，疏通壅塞，把洪水基本上引进了大江大河，只等开挖渠道把洪水归入大海了。大禹告诉夏启说："我很快就会回来和你们团聚的。"说完就又匆忙离开了，还是没进家门。

大禹治水十三年，三过家门而不入的故事现在还被传为美谈，仍为人们广为传颂。民间还流传着这样的歌谣：一过家门听骂声，二过

家门听笑声，三过家门捎口讯，治平洪水转家中。大禹一生为民谋福，治水时三过家门而不入，这种顾念百姓、公而忘私的精神，值得后人敬仰。这四句普普通通的家常话，可以说体现了大禹的事业心和责任感，大禹的精神难能可贵，世所罕见。这就是传颂至今的"三过家门而不入"的故事。

大禹治水的第一个功绩是"岷山导江，东别为沱"。他在岷江出峡处附近（今都江堰市境内）进行疏导，在岷江东侧今成都平原上依水度势，开凿一条叫沱江（大约在今柏条河走向上）的新河分流减灾，消除了成都平原的水患。大禹是第一个治理岷江的伟人，都江堰人为了感谢大禹治水的功绩，在玉垒山下修建了"禹王宫"供奉大禹。

大禹非常关心百姓的疾苦。有一次，看见一个人穷得把孩子卖了，禹就把孩子赎了回来。见有的百姓没有吃的，他就让后稷把仅有的粮食分给百姓。禹穿着破烂的衣服，吃着粗劣的食物，住着简陋的席篷，每天手持耒锸，带头干最苦最脏的活。几年下来，他的腿和胳膊上的汗毛都脱光了，手掌和脚掌结了厚厚的老茧，躯体干枯，脸庞黧黑。经过十三年的努力，他们开辟了无数的山，疏浚了无数的河，修筑了无数的堤坝，使天下的河川都流向大海，终于治水成功，根治了水患。刚退去洪水的土地过于潮湿，禹让益发给民众种子，教他们种水稻。

在治水的过程中，禹走遍天下，对各地的地形、习俗、物产，都了如指掌。禹重新将天下规划为九个州，并制定了各州的贡物品种。禹还规定：天子帝畿（京城）以外五百里的地区叫甸服，再外五百里叫侯服，再外五百里叫绥服，再外五百里叫要服，最外五百里叫荒服。甸、侯、绥三服，进纳不同的物品或负担不同的劳务。要服，不纳物服役，只要求接受管教、遵守法制政令。荒服，则根据其习俗进行管理，不强制推行中原朝政和教化。

由于禹治水成功，舜帝在隆重的祭祀仪式上，将一块黑色的玉圭赐给禹，以表彰他的功绩，并向天地万民宣告成功和天下大治。不久，又封禹为伯，以夏（今河南万县）为其封国。禹在天下的威望达到顶点。万民称颂说："微禹，吾其鱼乎！"（如果没有禹，我们早就变成鱼和鳖了。）舜帝称赞禹，说："禹啊禹！你是我的胳膊、大腿、耳朵和眼睛。我想为民造福，你辅佐我。我想观天象，知日月星辰、作文绣服饰，你谏明我。我想听六律五声八音来治乱，宣扬五德，你帮助我。你从来不当面阿谀、背后诽谤我。你以自己的真诚、德行和榜样，使朝中清正无邪。你发扬了我的圣德，功劳太大了！"

据《史记·夏本纪》记载："帝舜荐禹于天，为嗣。十七年而帝舜崩。三年丧毕，禹辞辟舜之子商均于阳城。天下诸侯皆去商均而朝禹。禹遂即天子位。"（舜帝在位三十三年时，正式将禹推荐给上天，把天子之位禅让给禹。十七年以后，舜在南巡中逝世。三年治丧期结束，禹避居阳城，将帝位让给舜的儿子商均。但天下的诸侯都离开商均去阳城朝见禹。于是，在诸侯的拥戴下，禹正式即天子位。）以安邑（今山西夏县）为都城，国号夏。分封丹朱（舜帝的儿子）于唐（今山西太原），分封商均于虞（今山西平陆东北）。改定历日，以建寅之月（十月）为正月。又收取天下的铜，铸成了九鼎，作为天下共主的象征。

　　登上天子之位的禹更加勤奋地为万民谋利，诚恳地招揽士人，广泛地听取民众的意见。有一次，他出门看见一个罪人，竟下车问候并哭了起来。随从说："罪人干了坏事，你何必可怜他！"帝禹说："尧舜的时候，人们都和尧舜同心同德。现在我当天子，人心却各不相同，我怎能不痛心？"仪狄造了些酒，帝禹喝了以后感到味道很醇美，就给仪狄下命令，要他停止造酒，说："后代一定会有因为酒而亡国的。"禹继帝位不久，就推举皋陶（yáo）当继承人，并让他全权处理政务。在皋陶不幸逝世以后，禹又推举伯益为继承人，负责政务。

　　"十年，帝禹东巡狩"（禹在位第十年视察东方邦国州郡）。过江时，一条黄龙游来，拱起大船，船上的人很害怕。禹仰天叹息道："我受命于天，活着靠上天的佐助，死了要回到天上去。你们何必为这一条龙担忧？"龙听到这一席话，摇摇尾巴，低下头就不见了。帝禹到涂山，在那里大会天下诸侯。前往朝见并献上玉帛的诸侯竟达万名以上。"至于会稽而崩"（大禹在位十五年在会稽逝世），后来葬在会稽（今浙江绍兴），终年一百岁（据《史记集解》中谈到大禹逝世时所引皇甫谧曰"年百岁也"）。

（周）

开 明

开明，即鳖灵，荆人，蜀王杜宇相也[一]。自大禹岷山导江后[二]，蜀水利始兴。阅千余年，又有开明，时方患水灾，开明决玉垒山以弭之[三]，山在今灌县[四]，湔水所出[五]。底定后[六]，王遂委以政而禅位焉[七]。既而伐苴[八]，苴侯奔巴[九]，求救于秦。秦惠王方欲谋楚[一〇]，司马错谓"蜀有桀、纣之乱，其国富饶，得蜀则得楚矣"[一一]，王善之[一二]。九年秋，张仪、司马错、都尉墨等从石牛道伐蜀[一三]，开明氏遂亡。或疑沱水亦开明所凿云[一四]。

〔注〕

〔一〕杜宇：传说中周末蜀国君王，号望帝。治汶山下邑曰郫。以鳖灵为相。时大水，鳖灵开三峡，治洪水。因禅位于鳖灵而隐去修道。时值二月，子规鸟啼，蜀人怀之而呼子规为杜宇、杜鹃。一说，

042

通于其相之妻，惭而亡去，魂化为鹃。

[二]岷山：亦作崏山。又名汶山、渎山、汶阜山、汶焦山。自四川、甘肃两省边境绵延到四川境内，主体部分在四川省北部，为岷江水系与嘉陵水系的发源处。《尚书·禹贡》："岷山导江。"《山海经·中山经》："又东北三百里曰岷山，江水出焉。"

[三]玉垒山：在今四川都江堰市西北隅。《汉书·地理志》"蜀郡·绵虒县"（今四川汶川县西南绵虒镇）："玉垒山，湔水所出。"西晋左思《蜀都赋》："包玉垒以为宇。"东晋郭璞《江赋》："玉垒作东别之标。"《方舆纪要》卷六七《灌县》：玉垒关"在县西玉垒山下"。弭（mǐ）：平息，停止，消除。

[四]灌县：古旧县名。明洪武十年（1377）降灌州为县，治今四川省都江堰市。明、清属成都府。民国初属四川西川道。1928年直属四川省。1988年改设都江堰市。

[五]湔水：古水名。《汉书·地理志》"蜀郡·绵虒县"："玉垒山，湔水所出，东南至江阳（今泸州市）入江。"又据《水经·江水注》：上游出玉垒山后即入岷江，当指今汶川与都江堰市间岷江支流白沙河；中游经新繁镇、新都与洛水合，当指今都江堰市、金堂县间岷江支流青白江；下游即今金堂县以下的沱江。下游自《水经》后改称洛水。

[六]厎（dǐ）定：平定。陆倕《石阙铭》："樊邓威怀，巴黔厎定。"

[七]禅（shàn）位：君王将帝位禅让给贤人。《史记·陈杞世家》：太史公曰："舜之德可谓至矣！禅位于夏，而后世血食者历

三代。"

[八]苴：春秋战国时国。今四川广元市西南。《史记·张仪列传》：秦惠王时，"苴蜀相攻击，各来告急于秦"。

[九]巴：商、周国名。相传源出武落钟离山（今湖北省长阳土家族自治县西北）。首领廪君时，率族沿长江西迁，势力扩大。周武王克殷，封爵为子，称为巴子国。《左传》昭公九年（前533），詹桓伯曰："巴、濮、楚、邓，吾南土也。"春秋时，与楚、邓等国交往甚密，向川东发展。战国时，巴国亦称王。都江州（今重庆市），或治垫江（今重庆合川区），或治平都（今重庆丰都县），后治阆中（今四川阆中市）。东晋常璩《华阳国志·巴志》："其地东至鱼复，西至僰道，北接汉中，南极黔涪。"鱼复在今奉节县，僰道在今宜宾市，汉中即今陕西汉中市。辖境大致包括今四川嘉陵江、涪江、宜宾市南溪区以东至奉节县，大巴山以南、贵州东北部地区。周慎王五年（前316）为秦所灭，以其地为巴郡。

[一〇]秦惠王（前356—前311）：亦作秦惠文王。战国时秦国国君，名驷。秦孝公之子。即位初，以宗室多怨，诛杀商鞅。五年，以公孙衍为大良造，执政。十年，任张仪为相，推行连横之策。十三年自称为王，次年改元。后元七年，韩、赵、魏、燕、齐五国攻秦，不胜而回。九年灭蜀，十年伐取义渠二十五城，十三年攻取楚汉中地六百里。在位二十七年。谥惠文。

[一一]司马错：战国时秦国人。惠王将。惠王九年，韩将侵秦，蜀又乱，孰先伐未决。错与秦相张仪论争于王前。王从错言，命错先伐蜀。蜀灭，守蜀郡。

[一二] "秦惠王"句：据《华阳国志·蜀志》："蜀王别封弟葭
萌于汉中，号苴侯，命其邑曰葭萌焉。苴侯与巴王为好，巴与蜀仇，
故蜀王怒，伐苴侯。苴侯奔巴，求救于秦。秦惠王方欲谋楚，群臣议
曰：'夫蜀，西僻之国，戎狄为邻，不如伐楚。'司马错、中尉田真
黄曰：'蜀有桀、纣之乱，其国富饶，得其布帛金银，足给军用。水
通于楚，有巴之劲卒，浮大舶船以东向楚，楚地可得。得蜀则得楚，
楚亡则天下并矣。'惠王曰：'善。'"

[一三] 张仪（？—前310）：战国时魏国人。与苏秦同师鬼谷
子，学纵横术。秦惠文王九年，入秦，为相。用连横之策，使秦有河
西、上郡、河东等地。惠王更元二年，与齐、楚大臣会于啮桑。次
年，魏亦行连横，逐惠施而以仪为相。后三年魏用合纵，以公孙衍为
相，仪返秦。曾入楚，见怀王，劝楚绝齐亲秦。秦因连横之策而地广
国强。以功封武信君。秦武王时去秦人魏为相，寻卒。有《张子》，
已佚。石牛道：古道路名，又名金牛道。古代汉中盆地和巴蜀的主要
交通路线。自今陕西勉县西南行，越七盘岭入四川境，经朝天驿、广
元，而至剑阁。东晋常璩《华阳国志·蜀志》：秦惠王谋伐蜀，乃作
五石牛，言能屎金，以欺蜀王；蜀王"乃遣五丁开道迎石牛"。秦由
此道灭蜀。"石牛""金牛"由此得名。《水经·沔水注》："来敏
《本蜀论》云：秦惠王欲伐蜀而不知道，作五石牛以金置尾下，言能
屎金。蜀王负力，令五丁引之成道。秦使张仪、司马错寻路灭蜀，因
曰石牛道。"因险绝处筑有栈道，故又有南栈、蜀栈之名。自秦汉以
来，一直是川陕间的重要道路。

[一四] 沱水：亦作沱江。《禹贡》荆、梁二州皆有"沱"。《汉

书·地理志》作"江沱"。《水经·禹贡山水泽地所在》作"沱水"。梁州沱水有二：《汉书·地理志》"蜀郡·郫县"："《禹贡》江沱在西，东入大江"；汶江"江沱在西南，东入江"。前者在今四川成都郫都区西南，为古郫江之前身，为检江之别流，东出至成都还入流江（流江即岷江正流）。另说上游即今柏条河、毗河，自都江堰市别岷江东出，下游即今自金堂以下之沱江，至泸州市注入长江。后者在今四川汶川县西，相当今杂谷脑河。荆州沱水，《汉书·地理志》"南郡·枝江县"："江沱出西，东入江。"此外，历代学者关于《禹贡》的沱水还有多种解释。

［译　文］

　　开明，就是鳖灵，楚国人，蜀王杜宇的丞相。自大禹从岷山疏通岷江后，蜀中水利建设开始兴起。经过千余年后，到了开明时代。当时蜀地正值水灾严重时期，开明开掘玉垒山疏通岷江，消除了水患。玉垒山在灌县（今都江堰市），是岷江出山口。在鳖灵平定水患后，杜宇把政事交给开明，继而将王位禅让给开明。后来（在其后的开明九世）蜀王开明攻打苴国。苴国大败，苴王逃到巴国，并向秦国求救。当时秦惠王正计划攻打楚国，司马错对秦惠王说："蜀地现在发生了桀、纣一样的叛乱，这个国家富饶，得到蜀国就可得到楚国啊！"秦惠王接纳了司马错的建议。秦惠王九年（前316）秋天，派张仪、司马错、都尉墨等率军从石牛道攻打蜀，开明王朝灭亡。有人认为都江堰的内江之柏条河也是开明所挖掘疏通的。

秦

李 冰

　　李冰，战国时人，知天文地理，隐居岷峨^[一]，与鬼谷友^[二]。时张若守蜀^[三]，与张仪筑城不就，兼苦水患，乃荐冰代若。冰营郡治，致神龟。凿离堆—作堆^[四]，以避沫水之害^[五]，壅江作堋^[六]，穿郫检两江^[七]，别支流过郡下，以行舟船。岷山多梓、柏、大竹，颓随水流^[八]，坐收其利。又引溉田畴^[九]，以万亿计。旱则引水浸润，雨则杜塞水门，镌石定水则^[一〇]，俾无失度。作大堰以扼蓄泄咽喉^[一一]，称都安堰，即今都江堰。蜀以此无饥馑，号天府焉^[一二]。

　　冰复导雒通山雒水^[一三]，与郫别江会新津大渡^[一四]。穿广都盐井、诸陂池^[一五]，凿南安溷崖^[一六]，以杀沫水。世咸飨其利，都江堰乃其较著者也。其作堰破竹为笼，以石累其中，或镇以石牛、石人。设象鼻鱼钓护岸，有石刻"深淘滩低作堰"六大字，尤心传之妙者。历代遵其法，食其德，立祠致祭。元至顺元年，封圣德英惠王。至国朝封敷泽兴济通佑王，载在祀典^[一七]。

秦

李 冰

　　李冰，战国时人，知天文地理，隐居岷峨[一]，与鬼谷友[二]。时张若守蜀[三]，与张仪筑城不就，兼苦水患，乃荐冰代若。冰营郡治，致神龟。凿离堆—作堆[四]，以避沫水之害[五]，壅江作堋[六]，穿郫检两江[七]，别支流过郡下，以行舟船。岷山多梓、柏、大竹，颓随水流[八]，坐收其利。又引溉田畴[九]，以万亿计。旱则引水浸润，雨则杜塞水门，镌石定水则[一〇]，俾无失度。作大堰以扼蓄泄咽喉[一一]，称都安堰，即今都江堰。蜀以此无饥馑，号天府焉[一二]。

　　冰复导雒通山雒水[一三]，与郫别江会新津大渡[一四]。穿广都盐井、诸陂池[一五]，凿南安溷崖[一六]，以杀沫水。世咸飨其利，都江堰乃其较著者也。其作堰破竹为笼，以石累其中，或镇以石牛、石人。设象鼻鱼钓护岸，有石刻"深淘滩低作堰"六大字，尤心传之妙者。历代遵其法，食其德，立祠致祭。元至顺元年，封圣德英惠王。至国朝封敷泽兴济通佑王，载在祀典[一七]。

〔注〕

〔一〕岷峨：岷山和峨眉山的并称。南朝梁江淹《建平王让右将军荆州刺史表》："水交沅澧，山通岷峨，襟抱百县，萦抱七州。"一说岷为青城山，峨为峨眉山。

〔二〕鬼谷：战国时齐国人。相传即王诩，一名利，一名诩。隐于鬼谷，因称，亦称鬼谷先生。张仪、苏秦师事之。今本《鬼谷子》系后人托名之作。

〔三〕张若：秦惠文王时人，战国时期秦国蜀地的地方官。周慎王五年（前316），秦惠文王派司马错、都尉墨灭蜀国，以张若为蜀国守。张若主持修筑成都城和郫城、临邛城。张若在蜀地三十余年，辅佐了三代蜀侯公子通、蜀侯辉、公孙绾，三代蜀侯都获罪被杀，只有张若居官如故。秦昭襄王杀死公孙绾后，不立蜀侯，专以蜀守张若治蜀。后张若东征楚国，得到巫郡和江南之地，作为秦的黔中郡。

〔四〕离堆：亦作离碓。在今四川都江堰西离堆公园内伏龙观。《史记·河渠书》："于蜀，蜀守冰，凿离碓，辟沫水之害，穿二江成都之中。"西晋刘逵注左思《蜀都赋》："《地理志》：蜀守李冰凿离堆，穿两江，为人开田，百姓飨其利。"皆即此。离堆口为今都江堰枢纽工程渠首之宝瓶口，凿离堆将岷江水引入成都平原，使成都平原成为"水旱从人，不知饥馑，沃野千里，世号陆海，谓之天府"。宋代在离堆建立水则。《宋史·河渠志》："则盈一尺，至十而止。水及六则，流始足用。过则从侍郎堰减水河泄而归于江。"

〔五〕沫水：古水名。《汉书·地理志》作渽水。一名浅水。即今四川西部大渡河或青衣江。相传秦蜀郡太守李冰凿平南安（今乐山市）西溷崖（今岷江和大渡河汇合处），以避水患，通水路。《史记·司马相如列传》：西汉元光五年（前130），司马相如奉命通西南夷，"西至沫水、若水"。东汉许慎《说文解字》："沫水出蜀西徼外，东南入江。"东晋常璩《华阳国志·蜀志》："时青衣有沫水出蒙山下，伏行地中，会江南安，触山胁溷崖，水脉漂疾，破害舟船，历代患之。（李）冰发卒凿平溷崖，通正水道。"隋、唐以后多称大渡河。

［六］壅：堵塞。堋（péng）：分水堤（战国时李冰修建都江堰时所创建）。

［七］郫：古蜀国杜宇都城，俗传为杜鹃城。《文选》张衡《思玄赋》李善注引《蜀王本纪》："望帝治汶山下邑曰郫，积百余岁。"东晋常璩《华阳国志·蜀志》：杜宇"移治郫邑，或治瞿上"。皆此。周慎王五年（前316）秦灭蜀国后置郫县，即今四川成都郫都区。检：检江。东晋常璩撰、刘琳校注《华阳国志校注》："李冰则自今灌县南门分江沱水为检江，即今走马河。其正流东南流经今灌县聚源、崇义等公社入今郫县界，经郫县城西南数里，又东南入今成都市界，过苏坡桥、杜甫草堂南，东流过成都城南，今称南河。是为检江。"

［八］颓随水流：指梓柏倒塌后随水漂流。

［九］田畴：泛指田地。《礼记·月令》："（季夏之月）可以粪田畴，可以美土疆。"孙希旦《集解》引吴澄曰："田畴，谓耕熟而其田有疆界者。"

［一○］水则：立于水中测量水位高低的标尺。《宋史·河渠

志》："景祐二年，怀敏知雄州，又请立木为水则，以限盈缩。"

　　[一一] 蓄泄：蓄存与泄放。《明史·循吏传·陈濩》："伐石筑堤，作水门蓄泄，护濒江田，百姓咸赖。"

　　[一二] 天府：谓土地肥沃、物产富饶之域。《晋书·袁乔传》："蜀土富实，号称天府，昔诸葛武侯欲以抗衡中国。"唐陈子昂《上蜀川军事》："伏以国家富有巴蜀，是天府之藏。"

　　[一三] 雒通山：即洛通山。又名章山、章洛山、九岭山、杨林山。在今四川什邡西北六十里。雒水：亦作洛水，为今四川沱江诸源之一，即今四川成都平原东北之石亭江。《汉书·地理志》"雒县"："章山，雒水所出，南至新都谷入湔。"东晋常璩《华阳国志·蜀志》：秦蜀守李冰，"又导洛通山洛水，或出瀑口。经什邡，郫别江，会新都大渡"。《元和郡县图志》卷三一"什邡县"："洛通山在县西三十九里。李冰导洛通山，谓此也。"

　　[一四] 新津：北周闵帝元年（557）置，属犍为郡。治所在今四川成都新津区东三里五津（俗名旧县）。清嘉庆《四川通志》卷一"新津县"："李膺《益州记》云：皂里江津之所曰新津市。按县名本此。"

　　[一五] 广都：战国蜀之别都。在今四川成都双流区东中和镇。东晋常璩《华阳国志·蜀志》："蜀以成都、广都、新都为三都，号名城。"秦蜀郡太守李冰"穿广都盐井、诸陂池，蜀于是盛有养生之饶焉"。西汉于此置广都县。

　　[一六] 涸崖：在今四川乐山东二里凌云山大佛岩。东晋常璩《华阳国志·蜀志》："时青衣有沫水出蒙山下，伏行地中，会江南

安，触山胁溷崖，水脉漂疾，破害舟船，历代患之。（李）冰发卒凿平溷崖，通正水道。”

［一七］祀典：记载祭祀仪礼的典籍。苏轼《奏乞封太白山神状》：“伏见当府郿县太白山，雄镇一方，载在祀典。”

［译　文］

李冰，战国时人，精通天文地理，传说李冰曾隐居在青城山和峨眉山中，与鬼谷子是好朋友。（前316年，秦灭蜀国）时以张若为蜀郡守。张若与张仪主持修筑郡城成都，城墙建了又倒，总是不成功，还遇到了洪水灾害，于是推荐李冰代张若筑城。李冰修郡城时，遇有神龟指引，取得了成功。

秦昭襄王时（前306—前251）李冰任蜀郡守。李冰凿开玉垒山的余脉形成离堆，从山谷间开口引水，以防洪水灾害；阻断江流，建分水鱼嘴和飞沙堰筑成堋形水道；开郫江和检江两条人工河经成都而下，两江可以通行舟船水运。岷山上多有梓树、柏树和大量竹料，砍伐竹木，放进江中随水下流，在成都就能坐收其利。又让沿河百姓引水灌溉田地，灌溉田地数以万亿。干旱时能引水灌溉，大雨形成洪水时则关闭水门（洪水由泄洪道排出）。在内江河岸石壁上镌刻水则，用于观察掌握水情，以便调节内江进水量。李冰修建的水利工程，控制了岷江，使之成为灌溉和泄洪的咽喉，称为“都安堰”，也就是今天的都江堰。成都因此再无饥馑之忧，号称“天府之国”。

李冰又开凿洛通山（在什邡市西北六十里），疏通洛水（沱江诸源之一，今四川成都平原东北之石亭江）；疏导郫江（今柏条河），分出支流汇入新津五津渡；穿凿广都（在今四川成都双流区东中和镇）的盐井，修建很多蓄水池塘，凿平南安溷崖（在今四川乐山东二里凌云山大佛岩），以削弱沫水的水势，蜀地人民世代赊用李冰带来的福利。

李冰治蜀的功绩众多，都江堰是最显著的例子。他修筑都江堰的办法是剖开竹子编为竹笼，将卵石装入笼中（以分江流），还以石牛镇江水；在鱼嘴前安放石人，以观察水情；以笼石设置"象鼻"（金刚堤）"鱼钓"（突出于河岸的防洪水冲击装置）以保护堤岸；（在内江岸边）刻上石刻"深淘滩低作堰"六个大字，为后人留下岁修时应该遵守的规则，这是李冰治水理念最好的体现。后人遵照李冰治水理念管理维护都江堰，使之永续利用，千年犹存。他的功德造福一代又一代的蜀地人民，人们建崇德庙祭祀李冰。元至顺元年（1330），元文宗封李冰为"圣德英惠王"；清朝雍正五年（1727），封李冰为"敷泽兴济通佑王"，载入祭祀仪典，让后人世代祭祀。

李二郎　王 叕—作叠

二郎为李冰仲子，喜驰猎，史轶其事，名字无考。世传种种异迹，荐绅先生难言之[一]。可征者，惟作五石犀以厌水怪，穿石犀溪于江南，命曰犀牛里。与其友七人斩蛟，又假饰美女，就婚孽鳞[二]，以入祠劝酒。或谓即冰为牛斗，刺杀江神事傅会之。详见《水经注》。然考亭朱子云[三]：二郎与文昌[四]，分踞蜀境，是二郎克迪前光，以得全蜀人心者，固有在也。元至顺元年，封英烈昭惠灵显仁祐王。国朝封承绩广惠显英王。

王叕，事轶，《蜀典》《姓源韵谱》谓与李冰同时人[五]。方氏《通雅》作王叠[六]，谓与冰同穿二江。其他无闻焉，或亦冰之良佐也[七]。

〔注〕

〔一〕荐绅：缙绅。古代高级官吏的装束。亦指有官职或做过官的人。荐，通"搢"。《史记·孝武本纪》："元年，汉兴已六十余岁矣，天下乂安，荐绅之属皆望天子封禅改正度也。"

〔二〕孽鳞：即孽龙。传说能兴水为害、作恶造孽的龙。宋范成大《吴船录》卷上："相传李太守锁孽龙于离堆之下。"

〔三〕考亭：在今福建建阳西南考亭村。相传五代南唐时黄子棱筑以望其父（考）墓，因名望考亭，简称"考亭"。理学家朱熹晚年居住和讲学于此，建竹林精舍，后改名沧州精舍。宋理宗为了崇祀朱熹，于淳祐四年（1244）赐名考亭书院。此后称其学派为"考亭学派"。

〔四〕文昌：即文昌帝君。道教中主宰功名、禄位的神，又称文曲星。本星名，即古代对北斗七星中斗魁（魁星）之上六星的总称，最早称为"文昌"。《楚辞·远游》："后文昌使掌行兮，选署众神以并毂。"古代星象家认为"文昌"是吉星，主大贵。道教兴起，便尊奉它为主宰功名、禄位之神，称为"文曲星"。据《华阳国志》所载，唐代以后，梓潼县有"恶子祠"之说，又传说出梓潼神来。梓潼神原为巴蜀神话中的梓树神（一说为雷神），相传古蜀王开明帝在梓潼山建亚子之祠，祭祀该神。"亚"字古与"恶"字相通，亦称恶子祠。东晋末年，蜀人张育在此举兵抗击前秦对东晋的侵犯，战死在绵竹，后人为纪念他，于古亚子祠侧建张育祠。后来逐渐将两个祠庙之名混为人名，说庙内主神为张亚子，并与张育相混。唐僖宗奔蜀，传受其神佑，封为"济顺王"，宋真宗加封英显武烈王。宗元道士假托梓潼神作《清河内传》，谓其生于周初，后经七十三化，西晋末方降生为张亚子。宋仁宗延祐三年加封为"辅仁开化文昌司禄宏仁帝君"。至此，梓潼神与文昌星便通过道教和皇权，被人为地合二为一，捏成一尊主宰天下文教之神，各地立祠祀之，长久不衰，至今犹有遗存。

[五]《姓源韵谱》：唐张九龄撰。宋陈振孙《直斋书录解题》卷八《谱牒类》："依《春秋正典》《柳氏万姓录》《世本图》，捃摭诸书，纂为此谱。分四声以便寻阅。古者赐姓别之，黄帝之子得姓者十四人是也；后世赐姓合之，汉高祖命娄敬、项伯为刘氏是也。惟其别之也则离析，故古者论姓氏，推其本同；惟其合之也则乱，故后世论姓氏，识其本异。自五胡乱华，百宗荡析，夷夏之裔，与夫冠冕舆台之子孙，混为一区，不可遽知。此周齐以来，谱牒之学，所以贵于世也与。"

[六]《通雅》：明末清初方以智撰。以智（1611—1671），字密之，号鹿起，又号曼公，安徽桐城人。崇祯十三年（1640）进士，官翰林院检讨。入清为僧，更名大智，字无可，别号弘智、药地，人称药地和尚。博学多识，于天文、地理、历史、生物、医药等均有研究，尤精于名物训诂、文字音韵之学。《通雅》系综合性博物名词汇编，内容包括天文、地舆、身体、称谓、姓名、官制、事制、礼仪、乐曲、乐舞、器用、衣服、宫室、饮食、算数、植物、动物、金石、切韵、声原、脉考、古方解等项目。钱澄之称之为"博物之要典"（《通雅·序》）。书中着重介绍17世纪之自然科学及由利玛窦、金尼

阁等传来之西方天文、地理知识和阿拉伯数字。主张古代文化应为今日所用，谓"考古所以决今，然不可泥古也"。

[七] 良佐：贤能的辅佐。《后汉书·刘陶传》："斯实中兴之良佐，国家之柱臣也。"

[译 文]

李二郎是李冰第二子，喜欢骑马打猎，史书记载少，名字也无从考证。传说中的种种奇异事迹，就是位高而学识渊博的绅士先生也很难说清。可以考证的记载，只有做五头石犀牛用来镇压水怪，在成都府城南开出石犀溪，称为"犀牛里"。李二郎与他的朋友（煤山兄弟）七人斩除蛟龙，又假扮美女和孽龙成婚，以入江神祠劝酒。有人说是李冰斗犀牛，刺杀江神故事的附会。详见《水经注》。然而"考亭学派"朱熹说：李二郎与文昌，分别居于蜀境，是二郎继承和发扬其父的功勋，得到全蜀人民的拥戴，是符合实际的。元至顺元年（1330），李二郎受封"英烈昭惠灵显仁祐王"。清朝封"承绩广惠显英王"。

王叕（zhuì）的事迹史料失载。《蜀典》《姓源韵谱》有记载，是和李冰同时代人。明末清初方以智撰《通雅》作王塈，也称和李冰一起凿开离堆，在成都平原开出两条江。其他就没有听说了，也许是李冰治水的好助手。

汉

文翁

文翁，名党，字翁仲，庐江舒城人。文帝末年，为蜀郡守，穿湔江口，灌繁田千七百顷，民受其赐。蜀有回复水，江神常溺杀人。翁祠之，劝酒不尽，拔剑击之，遂不为害。翁复大兴学校，后终于蜀。吏民为立祠堂，岁时致祭不绝，事详《汉书·循吏传》[一]。

按《汉书》本传[二]，未详翁名字，惟近武威张澍《蜀典》[三]，据《庐江七贤传》称翁名党，字翁仲云。

〔注〕

[一] "事详"句：据《汉书·循吏传》载："文翁，庐江舒人也。少好学，通《春秋》，以郡县吏察举。景帝末，为蜀郡守，仁爱好教化。见蜀地辟陋有蛮夷风，文翁欲诱进之，乃选郡县小吏开敏有材者张叔等十余人亲自饬厉，遣诣京师，受业博士，或学律令。减省

少府用度，买刀布蜀物，赍计吏以遗博士。数岁，蜀生皆成就还归，文翁以为右职，用次察举，官有至郡守刺史者。又修起学官于成都市中，招下县子弟以为学官弟子，为除更繇，高者以补郡县吏，次为孝弟力田。常选学官僮子，使在便坐受事。每出行县，益从学官诸生明经饬行者与俱，使传教令，出入闺阁。县邑吏民见而荣之，数年，争欲为学官弟子，富人至出钱以求之。由是大化，蜀地学于京师者比齐鲁焉。至武帝时，乃令天下郡国皆立学校官，自文翁为之始云。文翁终于蜀，吏民为立祠堂，岁时祭祀不绝。至今巴蜀好文雅，文翁之化也。"

〔二〕《汉书》本传：指《汉书·循吏传·文翁》。

〔三〕武威张澍：张澍（1781—1847），字时霖，一字伯瀹，号介侯，又号介白。清甘肃武威人。嘉庆四年（1799）进士，官贵州玉屏、四川屏山、江西永新等县知县。澍长于姓氏之学，工词章，兼治金石，留心关陇文献。著有《姓氏五书》《续黔书》《秦音》《五凉旧闻》《三古人苑》《蜀典》《诗小序翼》《说文引经考证》《养素堂集》，又辑刊《二酉堂丛书》。

〔译　文〕

文翁（前156—前101），名党，字翁仲，安徽舒城人。汉文帝末年，为蜀郡太守。文翁主持在都江堰内江太平堰鱼嘴处开通蒲阳河，引水灌溉都江堰市蒲阳地区，把都江堰灌区向成都平原北面扩大，在彭县、新繁交界处与湔江汇合（称清白江），增加灌溉面积一千七百项，使四川农业生产很快地发展起来，出现了"世平道治，民物阜康"的局面。文翁也就成为扩大都江堰灌溉效益第一人。

民间有传说：蜀地有回复水，水中有江神，经常溺死人。文翁为江神立祠，劝酒不尽，于是拔剑刺江神，从此江神不再伤害人。这是民间对文翁治水事迹的神化和附会。

文翁又振兴学校，后在蜀地去世，官吏和百姓为他立祠堂，一年四季祭祀不断。文翁事迹还被记入《汉书·循吏传》。

按《汉书》本传未详记文翁名字，只有清代武威人张澍的《蜀典》依据《庐江七贤传》称翁名党，字翁仲。

〔补　正〕

据《汉书·循吏传》记载，文翁来到蜀地后，痛惜蜀地的文化教育落后，于是决定从教育入手来改变这种状况。他采取了两项得力措施。其一就是选拔郡县小吏中有才能者如张叔等十多人，亲自告诫勉励，保送他们到京城，就学于太学，有的学习五经，有的学习法规法令。那时政府并没有专项教育资金，为了解决这批学生的学习和生活等各项费用，不惜减少官府行政开支。还购买蜀刀、蜀布等蜀地特产物品，委托考使送给太学中的博士。学生学习几年回蜀郡后，都被择优提拔为高级官员，有官至郡守或刺史的，或者作为蜀地的师资在当地培养人才。文翁的这种把有一定实践经验的苗子派往京城学习培养人才的做法，开保送制度之先河。

有了师资力量后，文翁的第二个得力措施是在成都大办"官学"，招选各县弟子前来学习，并加强对学校的领导。公元前143年至前141年间，文翁创办的官学——"文翁石室"开始面向平民招生，这是中国的第一所地方官办学校。一开始来学习的人并不多，他采取了许多奖励政策，首先是物质上的优待，如免除劳役。其次是从实践上加以培养和锻炼，并提高他们的社会地位，品学兼优的补充到郡县任职官吏，其余按"孝弟力田"四个方面标准举贤任职。文翁经常选出一些学官中的青少年在自己身边做事。到各县出巡，更是从学官的学生中选一些通晓经书、品行端正的学生随行，对当地老百姓展开诱导宣传和教化，并允许学生在官府中随意出入。就这样，逐渐扩大了这些学生在社会上的影响力。各县的官民看到了读书学习是荣耀之事，抢着成为学官弟子，有钱人甚至花钱以求能成为学官弟子。文翁兴学的成就，不仅培养了一批官吏良材，如张叔，汉武帝时征为博士，官至侍中、扬州刺史，而且推动了邻近属县的兴学，如"巴汉亦立文学"。蜀地此后出现司马相如、扬雄等知名才学之士，与文翁兴学造成的社会风气相关。景帝嘉奖文翁兴学，尊师重教，下令让天下郡国皆立文学。《汉书》记载，蜀地在京师学习的生员与文教昌盛的齐鲁之地相当。《华阳国志》的描述是："蜀地文风比于齐鲁。"总之，从此以后，蜀地文风大盛，大大推动了中国教育事业的发展。汉武帝"乃令天下郡国皆立学校官，自文翁为之始云"。公学之立，追本溯源，始于文翁，文翁也因此被后人誉为"官学始祖"。

崔 瑗

崔瑗，字子玉，涿郡人，崔骃子也[一]。早孤，锐志好学，尽传
父业。举茂才[二]，为汲令，迁济北相，当时勋戚文林咸器之[三]。事
详《后汉书》[四]。或又谓瑗尝为灌县令，开沟决渠，民赖其利，因作
歌曰："天降神明君，锡我仁慈父[五]。临民有德泽，恩惠施以序。穿
沟广溉灌，决渠作甘雨。"

按《后汉书·瑗传》，大将军梁商初开莫府[六]，首辟瑗。固辞。
岁中举茂才，迁汲令，为人开稻田数百顷，视事七年，百姓歌之。汉
安初，大司农胡广荐迁济北相[七]。又《顺帝纪》，阳嘉四年四月，执
金吾梁商为大将军。汉安元年十一月，大司农胡广为司徒。是瑗迁令
在阳嘉四年之明年，迁相在汉安元年。其中纪年，适合瑗在汲七年之
数，何以得为灌令？灌民之歌，何以与汲事适相若？《四川通志》不
列瑗名，又何以今《灌志》引钟玩《良吏传》[八]，瑗尝为灌县令云

云？殆失之矣。然钟《传》今既未见，是否别有依据？亦无可考。与其过而废也，毋宁过而存之[九]。

[注]

[一] 崔骃（？—92）：字亭伯，东汉涿郡安平人。崔篆孙。博学通经，善为文，少游太学，与班固、傅毅齐名。尝拟扬雄《解嘲》作《达旨》。和帝时窦宪为车骑将军，辟为掾。宪擅权骄恣，骃数谏不听。出为长岑长，不赴而归。明人辑有《崔亭伯集》。

[二] 茂才：即秀才。因避汉光武帝名讳，改秀为茂。明清时入府州县学的生员叫秀才，也沿称茂才。《后汉书·黄琬传》："旧制，光禄举三署郎，以高功久次才德尤异者为茂才四行。"

[三] 勋戚：有功勋的皇亲国戚。文林：文士之林。谓众多文人聚集之处。后泛指文坛、文学界。《后汉书·崔骃传论》："崔氏世有美才，兼以沉沦典籍，遂为儒家文林。"

[四]《后汉书》：南朝宋范晔（398—445）撰。九十卷，包括纪十卷，传八十卷。今书中之志三十卷，为西晋司马彪撰。南朝梁刘昭作注时，以范书无志，乃取司马彪《续汉书》之志以补之，北宋真宗乾兴元年（1022）合刊为一书，共一百二十卷。崔瑗传见《后汉书》卷五十二。

[五] 锡：赐予。《诗·大雅·崧高》："既成藐藐，王锡申伯。四牡蹻蹻，钩膺濯濯。"郑玄笺："召公营位，筑之已成，以形貌告于王，王乃赐申伯。"

[六]梁商（？—141）：字伯夏，东汉安定乌氏人。梁雍子。少为黄门侍郎。顺帝阳嘉元年（132），女立为皇后，妹为贵人。商拜执金吾。三年，为大将军。商自以外戚居大位，每存谦柔，虚己进贤。卒谥忠。莫府：即幕府。莫，通"幕"。《史记·廉颇蔺相如列传》："以便宜置吏，市租皆输入莫府，为士卒费。"

[七]胡广（91—172）：字伯始，南郡华容（今湖北潜江）人。出身官宦世家。安帝时举孝廉，累迁为尚书仆射。曾以策立桓帝功封安乐乡侯。居台省三十余年，历事六帝，所辟皆天下名士。卒后谥文恭侯。

[八]钟玩：当为"钟岏"。《新唐书·艺文志》："钟岏《良吏传》十卷。"

[九]毋宁：宁可，不如。毋，发语辞。《左传·襄公二十四年》："毋宁使人谓子：'子实生我。'"杜预注："毋宁，宁也。"

[译 文]

崔瑗（77—142），字子玉，涿郡（今河北）人，是崔骃儿子。早成孤儿，锐志好学，全部继承父亲的事业。被举荐为秀才，担任汲县令，后调任济北相，当时功臣贵戚文坛都很器重他。事情详见《后汉书》。有人又认为崔瑗曾经为灌县令，开沟修渠，百姓受益，因此有歌谣说："天上降下神明君，给我仁爱如父亲。他对百姓施恩德，泽惠施法有秩序。开沟广大灌农田，决渠就像及时雨。"

据《后汉书·崔瑗传》，大将军梁商初开幕府时，首先征召崔瑗。崔瑗坚决推辞。那年年中被举为秀才，调任汲县令，为百姓开稻田数百顷，任职七年，百姓歌颂他的政绩。汉安初期，大司农胡广推荐他调任济北相。又《顺帝纪》，阳嘉四年（135）四月，执金吾梁商任大将军。汉安元年（142）十一月，大司农胡广为司徒。崔瑗升令在阳嘉四年的第二年，升任宰相在汉安元年。其中纪年，符合崔瑗在汲县七年之数，为什么能成为灌县令呢？灌县百姓的歌谣，怎么和汲县的事情正好相若？《四川通志》不列崔瑗名，又为什么现在《灌志》引钟玩《良吏传》，崔瑗曾经为灌县令等等？几乎无考。但是钟玩《良吏传》现在已经不见，是否另有依据？也无可考。与其怀疑而废掉了，宁可错误而保存着。

［补　正］ 崔瑗堰功人物真伪考

崔瑗是我国东汉时期著名书法家和学者，一生屡经宦海沉浮，官至济北相，在汲县为政期间颇有声誉，他善书法、工文辞，其《草书势》《座右铭》均属于中国文化的重要符号。翻开清末四川水利同知钱茂编撰的《历代都江堰功小传》，我们可以看到钱茂罗列了从战国到清末百位堰功人物，崔瑗便是其中一位。

都江堰水利工程的成功，既有李冰率众创建的功劳，又离不开历朝历代人民的完善与维护。钱茂在《历代都江堰功小传》中记述崔瑗"或又谓灌县令"，并记述"按《后汉书·瑗传》……其中纪年，适合瑗在汲七年之数，何以得为灌令？灌民之歌，何以与汲事适相若？《四川通志》不列瑗名，又何以今《灌志》引钟玩（岏）《良吏传》，瑗尝为灌县令云云？殆失之矣，然钟《传》今既未见，是否别有依据？亦无可考。与其过而废也，毋宁过而存之"。

那崔瑗到底是不是曾出任灌县令"开沟决渠"，为灌县和都江堰水利工程做出了贡献呢？

崔瑗其人

崔瑗，字子玉，涿郡安平（今河北安平）人，生于东汉章帝建初二年（77），卒于顺帝汉安元年（142），十五岁时父亲亡故，十八岁时游学京师，通晓天文、律历、数术等，与贾逵、马融、张衡关系密切，后成为东汉著名书法家、文学家和学者。

崔瑗工书，善章草，师承杜度，书史上将其与杜度并称为"崔杜"。三国时魏人韦诞称其"书体甚浓，结字工巧"。"草圣"张芝取法崔、杜成为汉代草书集大成者。崔瑗所著《草书势》是迄今为止第一篇书法艺术专论，是书法成为一门独立艺术的标志。

文学方面，崔瑗高于文辞，尤擅书、记、箴、铭。《后汉书》本传记载他撰写的各种文体五十七篇，但亡佚颇多。清代文献学家、藏书家严可均辑录《全后汉文》中崔瑗的作品已不足一卷。现今保存下来的文章中以《座右铭》最为有名。

治学方面，崔瑗精通天文、历法、京房易学，曾与著名学者王符、窦章、马融、张衡等问学，后来又从东郡发干县狱吏处学习礼学。

崔瑗临终告诉其子崔寔："夫人禀天地之气以生，及其终也，归精于天，还骨于地，何地不可藏形骸，勿归乡里。其赗赠之物，羊豕之奠，一不得受。"崔寔遵守遗命，葬其父崔瑗于洛阳。

灌县区划名称沿革

都江堰市在秦汉时期先后称作湔氐道、湔县、都安县。南齐永明六年（483），以岷江为界在今都江堰市河西片区置齐基县，在岷江东岸设都安县。北周天和三年（568），废都安县，改置汶山县，改齐基县为清城县。隋大业三年（607），废汶山县并入郫县，河西仍置清城县。唐武德元年（618），在汶山县旧址置镇静军；于汉末湔县旧址置盘龙县，不久改为导江县，贞观中改为灌宁县。开元十八年（730）将清城县更名为青城县。五代前蜀武成元年（908）改镇静军为灌州，辖青城、导江二县。北宋乾德四年（966）改灌州为永安军。太平兴国三年（978）改永安军为永宁军，随即改为永康军，仍辖青城、导江二县。北宋神宗熙宁五年（1072），废永康军为永康寨，导江县划归彭州，将青城县归蜀州。哲宗元祐元年（1086）复置永康军，仍隶青城、导江二县。南宋末废永康军为灌口寨。元世祖至元十三年（1276），改灌口寨为灌州，废青城、导江二县，其地归灌州。明洪武九年（1376）降灌州为灌县。次年将崇宁县（今四川成都郫都区唐昌镇）并入灌县。清代（1644—1911）仍置灌县。

"灌"字首次出现在都江堰市历史地域名称中是唐太宗李世民时期，时称"灌宁县"。宋末将永康军改为灌口寨时才出现"口"字。历史上都江堰市首次被称为"灌县"是明太祖朱元璋洪武九年

（1376）。

显然，汉代崔瑗"或为灌县令"这样的说法是不确切的，且钟岏属南北朝时期南梁颍川人，其著作《良吏传》并无"灌县令"三字出现。

人物生平事迹

《后汉书》载"瑗字子玉，早孤，锐志好学，尽能传其父业。年十八，至京师，从侍中贾逵质正大义，逵善待之，瑗因留游学，遂明天官、历数、《京房易传》、六日七分。诸儒宗之。与扶风马融、南阳张衡特相友好。初，瑗兄章为州人所杀，瑗手刃报仇，因亡命。会赦，归家。家贫，兄弟同居数十年，乡邑化之"。可见崔瑗年轻时并未出任过什么官职，并且因为血气方刚为兄报仇，亡命天涯，遇国家大赦后返乡，在乡间居住数十年。

《全后汉文》卷四五载"年四十，始为郡吏""辟度辽将军邓骘府，骘诛坐免。复辟车骑将军阎显府，顺帝初，显诛，又坐免"。《后汉书》载："时陈禅为司隶校尉，召瑗谓曰：'第听禊上书，禅请为之证。'瑗曰：'此譬犹儿妾屏语耳，愿使君勿复出口。'遂辞归，不复应州郡命。""岁中举茂才，迁汲令。在事数言便宜，为人开稻田数百顷。视事七年，百姓歌之。""汉安初，大司农胡广、少府窦章共荐瑗宿德大儒，从政有迹，不宜久在下位，由此迁济北相。""岁余，光禄大夫杜乔为八使，徇行郡国，以臧罪奏瑗，征诣廷尉。瑗上书自讼，得理出。会病卒，年六十六。"可见崔瑗的仕途

几起几落间均未出任过蜀郡的什么官职，后来被推举为秀才，出任汲
县令，再后又被人参劾去职，六十六岁即因病去世。清乾隆版《汲县
志》卷七载："崔瑗，字子玉，涿郡安平人。顺帝时举茂才，迁汲
令。在任数言便宜事，教民开稻田数百顷。为政七年，教化大行，百
姓歌之，曰：天降神明，君赐我仁慈父。安帝初，大司农胡广、少府
窦章，共荐瑗宿德大儒，从政有绩，不宜久在下位，迁济北相。后至
尚书令。卒，留葬洛阳。"

依据史书记载，按时间顺序将崔瑗生平及活动区域列表如下：

时间	活动地点	主要事迹	备注
77 年	安平	出生。	
95 年	京师	从侍中贾逵质正大义，逵善待之，瑗因留游学。	
初		兄章为州人所杀，瑗手刃报仇，因亡命。	无具体年限
99 年夏四月	安平	会赦，归家。兄弟同居数十年，乡邑化之。	永元十一年灾异大赦
117 年后	发干县	年四十余，始为郡吏。以事系东郡发干狱，狱掾善为礼，瑗闲考讯时，辄问以礼说。	
约 120 年	家	事释归家，为度辽将军邓遵所辟。	永宁元年（120）夏四月改元大赦
121 年	家	居无何，遵被诛，瑗免归。	
125 年春夏	京师	复辟车骑将军阎显府。	
约 125 年冬	家	阎显兄弟悉伏诛，瑗坐被斥。时陈禅为司隶校尉，召瑗，瑗辞归。	
135—142 年	汲县	大将军梁商初开莫府，复首辟瑗，以疾固辞。岁中举茂才，迁汲令，视事七年，为人开稻田数百顷。	

时间	活动地点	主要事迹	备注
约 142 年	济北国与家	大司农胡广、少府窦章共荐瑗，迁济北相。光禄大夫杜乔为八使，徇行郡国，以臧罪奏瑗，征诣廷尉。瑗上书自讼，得理出。会病卒。	八使出行时间为汉安元年仲秋八月

由表知，崔瑗一生主要活动区域未见蜀地记载，其中崔瑗为兄报仇后亡命，未记载其活动轨迹，此时他不可能出任县令，在今都江堰市留下功绩，而不被载入《后汉书》这样的文献。另，史书记载其"四十余，始为郡吏"，未指出其出任郡吏的郡县名称。细究这段时间，以公元 117 年崔瑗四十岁时出任郡吏至公元 120 年遇大赦归家，前后不过三四年，期间还因事发被关押在发干县牢狱一段时间。这样短暂的时间内，崔瑗不可能在今都江堰市留下"教民开稻田数百顷，教化大行"被百姓颂为"天降神明，君赐我仁慈父"的功绩。

结论

从上述情况看，崔瑗没有主政过历史上的都江堰，其进入四川的可能性极小，更不可能出任灌县令。钱茂在其记述中也记录了他查证《后汉书》《四川通志》等典籍，未能找到佐证崔瑗入蜀出任灌县令一事的依据，最后说明"与其过而废也，毋宁过而存之"。可见，崔瑗确实不是都江堰水利工程的堰功人物。或许是他在汲县令任上曾有过"教民开稻田数百顷"的事迹，而被民间误传为在灌的事迹。

崔瑗虽不曾出任灌县令，但值得一提的是他本人颇有"先进事

迹"，其父亲崔骃、儿子崔寔、侄子崔烈都是东汉时期著名的学者，
《后汉书·崔骃传》载："崔氏世有美才，兼以沉沦典籍，遂为儒家
文林。"

补正人物：尹 龙 陈 壹

尹龙，生卒籍贯无考，东汉建宁元年（168）时，任郡级的水利管理官员都水掾。陈壹，生卒籍贯无考，任县级水利管理官员都水长。根据1974年3月3日在都江堰岁修时发掘的李冰石像铭文可见，他们在都江堰水利工程的维护和利用方面做出贡献，特别是为李冰塑像，确定了李冰为都江堰水利工程建设者，为都江堰水利工程历史提供实物佐证。

说明：1974年3月3日，都江堰首部外江河床以下4.5米处，出土一尊公元168年制作的李冰石像，高2.9米，肩宽0.96米，重约4吨。石像衣襟中部直行刻有李冰名号8字；左右袍袖各刻一行铭文计30字，皆为隶书。1975年又在同一地点挖出较小石像，头部及肩部残缺，无铭文。2005年，在同一处又挖出两尊较小石像，头部及肩部残缺，无铭文。2014年3月，在同一区域出土第五尊汉代石像，无头颈。

石像铭文:

故蜀郡李府君①,讳冰②。建宁元年闰月戊申朔廿五日③,都水
掾尹龙④、长陈壹⑤,造三神石人⑥,珎水万世焉⑦。

---

① 府君:汉代对太守的尊称。

② 讳:名字,古代称尊者之名为讳。

③ 建宁元年:公元 168 年。

④ 都水掾(yuàn):郡一级的水利管理官员。

⑤ 长:都水长的省称,县一级的水利管理官员。

⑥ 三神:都水官司当时制作三尊石像,一为李冰,另两尊应为左右从
吏。有学者认为 1975 年在李冰石像旁出土的持锸石像即为其一。2005 年、
2014 年再挖出石像引起争议,尚在探讨中。

⑦ 珎水,即珍水。"珍"通"镇",镇水意为希望三神镇压水怪,以免
除水害。或谓"珍"有贡献之义,珍水即供应水源。

补正人物：郭 择 赵 氾①

　　郭择是双流人，赵氾是郫县人，两人都具有宽厚正直、仁爱正义的优秀品质。结发成年，就修养善行。郭择承袭父亲的祖业，精通儒家《春秋穀梁》和《孝经》两部经典，其后在府县任职。郭择生前不惜"殚尽家财"以供养和安葬孤无子女的兄长，还将兄长的两个奴婢和价值三十五万的田宅让给兄长的养女，并为至亲的兄长守孝三年。郭择还曾因为前署县长遭受诬告时，不作伪证，被关入成都监狱，真相大白后恢复了名誉。赵氾也是一位轻财重义之人，被乡人称颂，他在任县主簿时，重视农业经济发展，劝农耕种，勤政爱民。同时还收养孤嫂和侄子二人，兄弟和睦。他们的善行和义举还有很多都值得大家学习。

----

　　① 该文据 2005 年 3 月初，都江堰岁修时在外江索桥处发现"建安四年正月中旬故监北江堋太守守史郭择赵氾碑"。

建安三年（198），郭择和赵汜接受了监修北江堋（都江堰渠首工程）的任务。都江堰渠首工程地处成都平原上游，是多个分水工程的源头和关键。他们深知修好都江堰渠首对灌溉蜀中平原的重要性，不顾冬天凛冽的北风和寒冷的江水，调动各方力量抓紧时间开展抢修，而且还要做好后勤保障工作。刚上任的蜀郡太守陈留郡的高君专程到工地视察慰问。高太守很怜悯因处动乱时期而受到影响的老百姓，认为"民以谷食为本"，一定要修好都江堰，保证蜀地的农业生产，并从蜀郡官府派出"掾史"和专管水利的"都水"郭苟等监督岁修工程。郭择和赵汜亲临岁修工地带领堰工队伍开展岁修。在郭择和赵汜率领下，仅用了十多天时间就完成了岁修工程，而且质量很好，河堤修得平直、长大，河道也没有淤砂堆积，施工期间还没有惊扰当地老百姓，确保了春灌用水，大家都认为郭择和赵汜的精神应该立碑表彰。

以时任都江堰工程管理者"堋史"的李安、傅阳为首的100多位施工人员，集资为其树碑记下他们的事迹，目的是为后人树立榜样，学习前贤行善的传统，褒扬他们的美德和维修都江堰的功绩，激励后人。

诸葛亮

诸葛亮，字孔明，琅邪阳都人也，佐先主成帝业[一]。详见陈寿《三国志》。当其北征，以都江堰为农本，国之所资，调征丁千二百主护之，且设堰官焉。

按，武侯调兵护堰事，见《水经注》卷三十三，《灌县志》称《三国·蜀志》误。

〔注〕

[一] 先主：指三国蜀刘备。《三国志·蜀志·先主传》："先主姓刘讳备，字玄德。"

〔译　文〕

诸葛亮（181—234），字孔明，琅邪郡阳都人，协助刘备成就帝业。详见陈寿的《三国志》。在蜀汉北征曹魏时，以都江堰为农业的根本，国家的依靠，征调兵丁一千二百人保护都江堰，还设置了堰官管理都江堰。

按，武侯调兵护堰事，见《水经注》卷三十三，《灌县志》称《三国·蜀志》有误。

〔补　正〕

史料记载，蜀汉建国后，丞相诸葛亮采取了一系列恢复经济生产的举措。蜀汉时期（221—263），秦汉时的湔氐道因"湔氐亦皆汉化"，改称为湔县，不久改为都安县，这个"都安县"之名也来自"都安堰"。据说，刘备入蜀后，成都平原西部的少数民族羌人和僚人时常骚扰湔氐道一带，威胁"大堰"安全。诸葛亮派大将马超带兵前往驻守，出兵前，诸葛亮与马超两人相约分别在手心用一个字写下这次出兵策略。当两只手都展开后，两个"和"字出现在眼前，两人相视而笑。马超到达后，礼遇羌、僚首领，并将刘璋时期取名的"镇夷关"改名为"雁门关"，把"镇僚关"改名为"僚泽关"，使羌、僚和汉族百姓自由通商，贸易往来，得到羌、僚首领和群众的欢迎。每至水利工程岁修，羌、僚首领还派人帮助岁修，不仅搞好了民族团结，还保证了大堰安全，蜀汉政权全境都安。于是将"湔堰"

改名"都安堰", 湔氐县也更名为"都安县"。

蜀汉建兴六年（228），诸葛亮北征，认识到"此堰农本，国之所资"（都江堰是农业之根本，国家经济的重要来源）。于是，他专门设置了堰官，主管都江堰的维护，并征集兵丁1200人常年驻守，对其进行经常性的管理和维护。诸葛亮对都江堰有效的管理，保证了整个工程一直能够发挥泄洪、水运和灌溉等重要作用。同时大量兴建各类灌溉设施，时人称为"诸葛堰""小诸葛堰"，还在各地筑堤以防水患。据民国《成都志》载："九里堤在县西北，堤长九里，故老相传，诸葛亮所筑，以捍水势。"

诸葛亮在一出祁山失败之后，为减轻军费、军饷负担，同时保证农村劳动力不因战争而流失，稳定农业生产，在军中实行"减兵省将"，建立了士兵到期轮换制度，使农村不因士兵长期在外作战而耽误农时。诸葛亮还十分注重对工商业的发展。他非常关心盐铁业的生产，并花大力气极大地利用和促进了蜀国的织锦业。诸葛亮一面身体力行，带头养蚕务桑；另一面设专职锦官，专门组织生产、调拨蜀锦。蜀锦是蜀国对外与魏、吴两国通商的主要商品，其质量之精美，远胜曹魏。在增加蜀国国民收入的同时，诸葛亮又提倡勤俭节约，反对铺张浪费。在诸葛亮的带动之下，蜀国的绝大部分官员都节俭成风。诸葛亮实行了一系列开源节流的治国方针后，使蜀国的经济得到了很好的恢复和发展。

此后各朝，都以都江堰渠首工程所在地的县令为都江堰水利工程的主管。到宋朝时，进一步制定和完善了都江堰岁修制度，并施行至今。诸葛亮鞠躬尽瘁，死而后已的奉献精神成为后人学习的榜样。

唐 附五代

高俭

　　高俭，字士廉，渤海蓚人，隋洮州刺史高劢子也[一]。仁寿中[二]，举文才甲科[三]，补治礼郎。至唐初，以秦王荐为治中[四]。及王为皇太子，乃授右庶子，进侍中，封义兴郡公。坐匿王珪奏不时上[五]，左迁安州都督。进益州大都督府长史[六]，风俗为之一变。斯时民田之濒汶江者[七]，顷千金，民相侵冒。俭因就李冰导江故渠，斯引旁出，以广溉道，人以富饶。后晋吏部尚书，封许国公，卒谥文献[八]。事详《唐书》本传[九]。

〔注〕

　　[一] 洮州：北周保定元年（561）于吐谷浑洮阳城置，治美相县（唐改名临潭县，今甘肃临潭）。隋大业三年（607）改为临洮郡。唐武德二年（619）复为洮州，贞观四年（630）移治洪和城（今临

潭东新城），八年复还故治。开元十七年（729）省入岷州。后于此置临州，二十七年又改为洮州。广德元年（763）后地属吐蕃，称临洮城。北宋大观二年（1108）复置。属秦凤路。金属临洮路。辖区约当今甘肃省岷县以西及西倾山以东的洮河流域。

〔二〕仁寿：隋文帝年号（601—604）。凡四年。

〔三〕甲科：科举考试用语。唐代明经分甲、乙、丙、丁四科，进士亦分甲、乙二科。

〔四〕秦王：即李世民（599—649）。唐高祖次子。隋末，劝父举兵反隋，征服四方，成统一之业。高祖武德元年（618），为尚书令，进封秦王。先后镇压窦建德、刘黑闼等起义军，讨平薛仁杲、王世充等割据势力。九年，发动玄武门之变，杀兄李建成及弟李元吉，遂立为太子。旋受禅即帝位，尊父为太上皇。锐意图治，善于纳谏，去奢轻赋，宽刑整武，使海内升平，威及域外，史称贞观之治。铁勒、回纥等族尊之为"天可汗"。在位二十三年，以服"长生药"中毒死，谥文皇帝。治中：官名。西汉元帝时始置，全称治中从事史，也称治中从事，主众曹文书。

〔五〕王珪（570—639）：字叔玠，唐太原祁人。王僧辩孙。幼孤，性雅淡，少嗜欲，安于贫贱，交不苟合。隋时为奉礼郎。入唐，为太子李建成中舍人。太宗素知其才，召拜谏议大夫。珪每推诚纳忠，多所献替，太宗多纳其言，迁黄门侍郎，兼太子右庶子。贞观二年任侍中，与房玄龄、李靖、温彦博、魏徵等同知国政。能推人之长，有自知之明。因故贬同州刺史。官终礼部尚书。卒时，太宗素服举哀，悼惜久之。谥懿。坐：定罪。匿：隐藏。

[六] 益州：西汉置，汉武帝所置十三刺史部之一。别称刀州。辖境相当于今四川、重庆、贵州、云南等省市大部，湖北省西北部及甘肃省小部分地区。东汉治雒县（今四川广汉北）。中平年间移治绵竹县（今四川德阳东北）。兴平年间又移治成都县（今四川成都）。隋开皇初废，三年（583）复置。大业元年（605）改蜀郡。唐武德元年（618）复改益州。天宝元年（742）复改蜀郡。北宋太平兴国六年（981）又改成都府置益州，治成都、华阳二县（今四川成都），辖境相当今成都市及周围地区。端拱元年（988）复改成都府。淳化五年（994）又为益州，后复为成都府。

[七] 汶江：一作汶水，即今岷江。《战国策·燕策》："蜀地之甲，轻舟浮于汶，乘夏水而下江。"《三国志·蜀书·后主传》：建兴十四年（236），"后主至湔，登观阪，看汶水之流"。又《水经·江水注》："江水又径汶江道，汶出徼外岷山西玉轮坂下而南行。"皆此。

[八] 谥：古代帝王、贵族、大臣、士大夫或其他有地位的人死后，据其生前事迹评定的带有褒贬意义的称号。亦指按上述情况评定这种称号。《周礼·春官·大史》："小丧，赐谥。"《礼记·檀弓下》："公叔文子卒，其子戍请谥于君曰：'日月有时，将葬矣。请所以易其名者。'"郑玄注："谥者，行之迹。"

[九]《唐书》本传：指新、旧《唐书·高俭传》。

[译 文]

　　高俭（576—647），字士廉，渤海郡蓚县（今河北省景县）人，是隋朝洮州刺史高励的儿子。隋文帝仁寿年间，考文才甲科，补治礼郎。到唐朝初年，秦王推荐他为治中。等到秦王立为皇太子，授他为右庶子，升任侍中，封义兴郡公。高俭因将王珪呈递唐太宗的密奏扣下不报而获罪，被贬为安州都督。高俭后任益州大都督府长史，蜀中风俗为之一变。这时百姓田地靠近岷江的，一顷千金，百姓们相互侵吞。高俭就按照李冰导江旧渠，劈开引水外出，扩大了灌溉渠道，良田增多，蜀人因此富足。后来晋升吏部尚书，封为许国公，死后谥号文献。事情详见《唐书》本传。

白大信 韦 德 张 武

白大信，唐高宗时官蜀[一]，为罗江县令[二]。县本名万安，天宝元年，始更此名。其城北茫江堰[三]，引射水以溉民田。堰系永徽五年大信建置[四]。其北十四里，又有杨村堰[五]，引折脚堰水溉田[六]，德宗贞元二十一年[七]，令韦德筑。

按：白大信，《通志》作白大位[八]，今从《唐书·地理志》订正[九]。

张武，荥县人。谂知青神地势[一〇]，宜于水利。太和中[一一]，携百家请为青氓，沿江开沟，引河灌溉，直长四十里。陂堰凡五十一处，鸿化堰其最大者也[一二]。

〔注〕

〔一〕唐高宗（628—683）：即李治，字为善，唐太宗第九子。太宗贞观五年（631），封为晋王。十七年，立为太子。即位后，多承太宗旧制。曾出兵击平西突厥，又命李绩率六总管兵攻高丽。后废王皇后，立武则天为皇后。在位三十四年，卒谥天皇大帝。

〔二〕罗江县：唐天宝元年（742）改万安县置，属巴西郡。治所即今四川德阳东北五十里罗江镇。明曹学佺《蜀中广记》卷五一：罗江县"左水自安县来，右水自绵州来，合于县之东北，蹙成罗纹"，故名。

〔三〕茫江堰：在今四川德阳市东北罗江镇北。《新唐书·地理志》"罗江县"："北五里有茫江堰，引射水溉田入城，永徽五年，令白大信置。"

〔四〕永徽：唐高宗年号（650—655）。凡六年。

〔五〕杨村堰：在今四川德阳东北。《新唐书·地理志》"罗江县"："北十四里有杨村堰，引折脚堰水溉田，贞元二十一年，令韦德筑。"

〔六〕折脚堰：在今四川安县南。《新唐书·地理志》："（神泉）县北二十里有折脚堰，引水溉田，贞观元年开。"

〔七〕德宗（742—805）：即李适。唐代宗长子。代宗时为天下兵马元帅，讨史朝义，平定河北，以功拜尚书令，旋立为太子。嗣位后，初政清明，以强明自任，用杨炎为相，废租庸调制，改行"两税法"。后用卢杞等，因为乱阶。建中四年（783），泾原兵变，犯京师，逃奔奉天。兴元元年（784），李晟率军收复长安，乃还。自此政惟姑息，方镇日强。在位二十六年，卒谥神武孝文皇帝。

[八] 通志：指《四川通志》。

[九]《唐书·地理志》：指《新唐书·地理志》。

[一〇] 谂（shěn）知：知悉，知道。青神：北周改青衣县置，为青神郡治。治所在今四川青神县南二十里瑞峰镇（刘家场）。明曹学佺《蜀中广记》卷五二"青神县"："蚕丛衣青而教蚕事，蜀人神之，故曰青神。"隋属眉山郡。唐武德二年（619）属眉州，八年（625）移治今青神县。

[一一] 太和：唐文宗年号（827—835）。又作大和。凡九年。

[一二] 鸿化堰：古青神渠。在今四川青神县北。《元史·河渠志》："嘉定之青神，有堰曰鸿化，则授成其长吏，应期而功毕。"即建于唐太和中。为僚族张武所开，历代维修，扩大灌溉面积。明嘉靖间复开截江水，灌田四十余里。清乾隆间，自九老桥至中兴庵四十余里，灌田一万四千余亩，为青神陂堰中最大的水利灌溉工程。

〔译 文〕

白大信，唐高宗时于蜀地为官，为罗江（今四川德阳东北五十里罗江镇）县令。罗江县原名万安县，天宝元年，开始改名为罗江。罗江城北有茫江堰，引射水来灌溉百姓田地。茫江堰于永徽五年由白大信建成。茫江堰北十四里，有个杨村堰（在今四川德阳东北），引折脚堰（在今四川安县南水）灌溉田地，唐德宗贞元二十一年，县令韦德负责修建。

按：白大信，《四川通志》记作白大位，现在根据《唐书·地理志》订正。

张武，荥县（为荣县之误）人。他熟知青神地势地理，适宜水利建设。太和年间，张武带领百家请求为青神百姓沿江开发沟渠，引水灌溉农田，新渠长达四十里。建成堰塘共五十一处，鸿化堰（古青神渠）是其中最大的一个。

刘易从

刘易从，徐州彭城人。祖父皆没吐蕃卒[一]，易从号哭毁瘠过礼[二]，吐蕃还其父尸，徒跣护归[三]，朝廷贤之。后授汉州长史[四]，迁彭州长史任城男，为徐敬贞诬构，诏就州杀之。临刑，吏民怜其无辜，远近奔赴，竞解衣投地，曰"为长史祈福"。有司平准值十余万。其得民心如此。《新唐书·彭州濛阳郡下·九陇县》注载易从决唐昌沲江[五]，凿川派流，合堋口琅岐水[六]，溉九陇、唐昌田[七]。民为立祠，盖亦尽心水利者。

〔注〕

〔一〕吐蕃：公元7—9世纪，我国古代藏族所建政权。据有今西藏地区全部，盛时辖有青藏高原诸部，势力达到西域、河陇地区。其赞普松赞干布、弃隶缩赞先后与唐文成公主、金成公主联姻，与唐经济文化联系至为密切。吐蕃政权崩溃后，宋、元、明史籍仍习惯沿称青藏高原及当地土著族为吐蕃，一作吐番。元中统间改称乌斯藏。

　　[二] 毁瘠：因居丧过于哀伤，以至于身体瘦弱。《礼记·杂记下》："毁瘠为病，君子弗为也。"

　　[三] 徒跣（xiǎn）：赤足步行。《汉书》卷六五《东方朔传》："主乃下殿，去簪珥，徒跣，顿首谢曰：'妾无状，负陛下，身当伏诛，陛下不致之法，顿首死罪。'"

　　[四] 汉州：唐垂拱二年（686）分益州置，治所在雒县（今四川广汉）。辖境相当今四川广汉、德阳、绵竹、什邡、金堂等市县地。天宝元年（742）改为德阳郡，乾元元年（758）复改为汉州。南宋端平中废。元中统元年（1260）复置，省附郭县雒县入州，属成都路。明玉珍复置雒县，为州治。明洪武四年（1371）又废县入州，属成都府。1913年改置广汉县。

　　[五] 唐昌：唐仪凤二年（677）置，属益州（后属彭州）。治所在今四川成都郫都区西北唐昌镇。长寿二年（693）改名周昌县。神龙元年（705）复名唐昌县。五代梁开平二年（908）改为归化县，后唐同光初复改唐昌县，后晋天福初改名彭山县，后汉复为唐昌县。北宋开宝四年（971）改为永昌县。沱江：即沱江。今四川成都平原北部之蒲阳河。

　　[六] 琅岐山：亦名两岐山。在今四川彭州西北。《太平寰宇记》卷七三"九陇县"：两岐山"在县西北二十七里。李膺记：此山出木，堪为船。本琅岐山，语讹为两岐山也"。琅岐水因以而名。

　　[七] 九陇：北周武成二年（560）改南晋寿县置，属九陇郡。治所在今四川彭州市西北。《元和郡县图志》卷三一"九陇县"："取九陇山为名。"隋属蜀郡。唐为彭州治，移治今彭州市。

[译　文]

　　刘易从，徐州彭城人。祖父、父亲都在吐蕃去世①，刘易从号哭哀痛以至于身体瘦弱，吐蕃归还他父亲的遗体，他赤脚护送回家乡，朝廷认为他贤能。他后来授任汉州长史，升任彭州长史任城男，因被徐敬贞诬陷，皇帝下诏书命令在彭州就地处死他。临刑前，官吏和百姓都怜惜他无罪，无论远近都奔赴刑场，竞相解衣投地，让囚车撵过，说这是"为长史求冥福"。据估算，当时铺在地上的这些衣物就价值十多万。由此可见，他得民心到了如此地步。《新唐书·彭州濛阳郡下·九陇县》注记载了刘易从开掘唐昌沱江，开凿河流分流，合堰坝口琅岐水，灌溉九陇、唐昌田地的事迹。百姓为他立祠，大概是因为他尽心水利的缘故。

---

　　① 仪凤三年（678），中书令李敬玄将兵十八万与吐蕃战于青海之上，刘审礼（刘易从父亲）将前军深入，为虏所攻，敬玄按兵不救，审礼为吐蕃所虏。刘审礼（？—681）徐州彭城（今江苏铜山）人，刑部尚书德威之子。官至左骁卫郎将，后迁工部尚书、检校左卫大将军。

章仇兼琼

　　章仇兼琼，颍川人。开元中为益州长史。至二十二年，因新源水有蜀王秀故渠[一]，遂开漕西山竹木[二]。二十六年，剑南节度张宥[三]，以琼为益州司马[四]，寻代宥节度。二十八年，改采访使，开通济堰[五]，自新津邛江口，引渠南下百二十里，至眉州西南入江，溉田千六百顷。天宝中，于成都之万岁池[六]，筑堤积水溉田。后之以水利著者，多踵其遗迹云。

〔注〕

　　[一] 新源水：即今四川温江北之江安河。《新唐书·地理志》"温江县"："有新源水，开元二十三年（735），长史章仇兼琼因蜀王秀故渠开，通漕西山竹木。"

[二] 西山：即今四川都江堰西南青城山。《晋书·李雄载记》："雄以西山范长生岩居穴处，求道养志，欲迎立为君而臣之。长生固辞。"

[三] 张宥：唐魏州昌乐人。张文瓘孙。玄宗开元中，官华州刺史。二十六年（738），授益州长史、剑南防御使。时边境不宁，以宥文吏不习军旅，征为光禄卿。后官扬州大都督府长史。

[四] 司马：官名。《周礼》夏官大司马之属官，有军司马、舆司马、行司马。春秋晋作三军，每军别置司马。其后汉宫门及大将军、将军、校尉属官，都有司马。边郡亦置千人司马，专主兵事，不治民。魏晋以后，州刺史带将军开府者，置府僚司马。至隋废州府之任，无复司马，而有治中。唐制，节度使属僚有行军司马。又于每州置司马，以安排贬谪或闲散的人。后世称府同知曰司马，本此。

[五] 通济堰：亦名远济堰。唐开元中，益州长史章仇兼琼开。在今四川新津、彭山、眉山三县境内。自新津东南二里宝子山引岷江水，南流至眉山县，溉岷江以西农田。《新唐书·地理志》"彭山县"："有通济大堰一，小堰十，自新津邛江口引渠南下，百二十里至州西南入江，溉田千六百顷。"

[六] 万岁池：亦名万顷池。战国秦惠王二十七年（前311）建成都城取土成池，在四川成都北十里凤凰山东南。东晋常璩《华阳国志·蜀志》："其筑城取土，去城十里，因以养鱼，今万岁池是也。"《新唐书·地理志》"成都县"："北十八里有万岁池。天宝中，长史章仇兼琼筑堤，积水溉田。"《宋史·王刚中传》："成都万岁池广袤十里，溉三乡田，岁久淤淀，刚中集三乡夫共疏之，累土为防，

上植榆柳，表以石柱，州人指曰：王公之甘棠也。"皆此。明代逐渐
淤涸。

〔译 文〕

　　章仇兼琼，颍川（今河南禹州）人。开元年间任益州长史。开
元二十二年（734），章仇兼琼利用新源水（今江安河）有蜀王杨秀
所开旧渠，于是章仇兼琼在经过实地堪察后，组织都江堰人对从外江
取水的江安河以及外江河道进行一系列的改造。因势利导，巧妙地在
外江设置拦漂设施，将西山（青城山一带）竹木从外江漂送至内江。
这一工程项目的实现，既开发了西山竹木资源，又发展了成都经济。
二十六年，剑南节度使张宥，委以章仇兼琼为益州刺史司马，不久代
替张宥任剑南节度使。开元二十八年，改任采访使。章仇兼琼开通济
堰，从新津邛江口开渠引水往南下一百二十里，至眉州向西南进入岷
江，灌溉田地一千六百多顷。天宝年间，在成都的万岁池，筑堤积水
灌溉农田。后人中因治水有功而著称于世的，多是追随他留下的治水
功绩。

独孤戒盈　卢士琁

独孤氏自隋及唐，为外戚盛族^[一]，戒盈其疏远者也。成都县城南百步^[二]，有官源渠^[三]，堤长百余里，为天宝二载戒盈作令时筑。

卢士琁，范阳人^[四]。德宗贞元末，刺汉州。史言其于雒县立堤堰^[五]，溉田四百余顷。

〔注〕

[一] 外戚：指帝王的母族、妻族。《史记·外戚世家》："自古受命帝王及继体守文之君，非独内德茂也，盖亦有外戚之助焉。"盛族：豪门大族。《南史·刘穆之传》："时晋纲宽弛，威禁不行，盛族豪家负势陵纵。"

[二] 成都县：战国秦惠王二十七年（前311）于蜀国都城成都

置，为蜀郡治。治所即今四川成都。东汉时兼为益州治。三国蜀汉建都于此。西晋为蜀郡及益州治。成汉都于此。东晋为蜀郡及益州治。隋开皇初郡废，大业初州废，复为蜀郡治。唐贞观十七年（643）分置蜀县（后改为华阳县），与成都县同为益州治。天宝元年（742）复为蜀郡治。至德二载（757）因玄宗李隆基避"安史之乱"入蜀驻跸于此，建号南京（上元元年罢京号），为成都府治。前蜀、后蜀均建都于此。宋为成都府及成都府路治。元为成都路及四川行中书省治。明为成都府及四川布政使司治。清为四川省会。民国初仍为四川省会及西川道治。1930 年析置成都市。1952 年撤销成都县，并入成都市及郫县、新繁、温江、新都四县。

［三］官源渠：在今四川成都北十里凤凰山南。《新唐书·地理志》"成都县"：万岁池"南百步有官源渠堤百余里。天宝二载，令独孤戒盈筑"。

［四］范阳：唐天宝元年（742）改幽州置，治所在蓟县（今北京城西南隅）。辖境相当今北京市大部、天津市海河以北和河北霸州、雄县部分地。

［五］雒县：西汉高帝时置，属广汉郡。治所在今四川广汉市。《元和郡县图志》卷三一"雒县"："县南有雒水，因以为名。"

［译　文］

独孤氏自隋朝到唐朝，都是外戚的豪门大族，独孤戒盈是被疏远的一族。成都县城向南一百步，有官源渠（在今四川成都市北十里凤凰山南），堤长一百多里，为天宝二年独孤戒盈作成都县令的时候建筑。

卢士琟，范阳（今北京城西南隅）人。唐德宗贞元末年，任汉州（今广汉）刺史。史书上说他在雒县（今广汉）建立堤坝，灌溉四百多顷田地。

白敏中

　　白敏中，字用晦，居易从祖弟也[一]，长庆初第进士。宣宗时，由邠宁节度[二]，徙剑南西川[三]。治蜀五年，有劳，加兼太子太师[四]。徙荆南[五]，仕至平章[六]。事详《唐书·白居易传》。在蜀时，以成都环锦江为池[七]，江之支纬城中，乃开金水河[八]。

〔注〕

　　[一]居易：即白居易（772—846），唐华州下邽人，祖籍太原，字乐天，晚号香山居士，又号醉吟先生。德宗贞元十六年（800）进士。授秘书省校书郎。宪宗元和时，历迁翰林学士、左拾遗、东宫赞善大夫。宰相武元衡遇刺身亡，居易首上疏，请亟捕凶手。以越职言事，贬江州司马。穆宗长庆初，累擢中书舍人，乞外任，为杭州刺

104

史，筑堤捍钱塘湖，溉田千顷。久之，以太子左庶子分司东都，复除苏州刺史。文宗立，入为秘书监，迁刑部侍郎。大和三年（829）为太子宾客，分司东都，遂居洛阳。晚年奉佛，以诗酒自娱。武宗会昌二年（842），以刑部尚书致仕。卒谥文。工诗，倡导"新乐府"运动。诗文与元稹齐名，世号"元白"。晚年与刘禹锡唱和，又称"刘白"。有《白氏长庆集》等。从祖：祖父的亲兄弟。

[二] 邠宁：唐方镇名。乾元二年（759）置邠宁节度使，治所在邠州（今陕西彬县）。辖境屡有变动，较长期领有邠、宁、庆三州，相当今甘肃东部的环江、马连河流域以东及陕西彬县、永秦、旬邑、长武等县地。

[三] 剑南西川：唐方镇名。至德二年（757）分剑南节度使西部地置，简称西川。治成都府（今四川成都）。辖境屡有变动，长期领有成都府及彭、蜀、汉、眉、邛、嘉、黎、简、茂、雅以西诸州，约当今四川成都平原及其以北以西和雅砻江以东地区。

[四] 太子太师：官名。是辅导太子，给太子传授知识，负责太子智育的官。唐代设太子太师、太傅、太保各一人，从一品。掌辅导皇太子。每见，迎拜殿门，三师答拜，每门必让，三师坐，太子乃坐。太子出，则乘路备卤簿以从。见《新唐书·百官四上·东宫官》。

[五] 荆南：唐、五代方镇名。至德二年（757）置，治所在荆州（后升为江陵府，今湖北荆沙荆州区故江陵县城）。辖境相当今湖北石首、荆沙市以西，四川垫江、丰都以东的长江流域及湖南洞庭湖以西的澧、沅二水下游一带。

[六] 平章：官名。《新唐书·百官志一》："贞观八年（634），仆射李靖以疾辞位，诏疾小瘳，三两日一至中书门下平章事。"平章事之名始此，为唐初加给退职宰相的名号，使其继续预闻宰相事务。中叶以后，凡实际任宰相之职者，必在其本官之外加同中书门下平章事的衔称，简称同平章事，意即共同议政。

[七] 锦江：又名检江、流江、汶江、笮桥水、濯锦江、府河。即今四川成都市南之南河。东晋常璩《华阳国志·蜀志》："锦工织锦濯其江中则鲜明，濯他江则不好"，因名。唐杜佑《通典》卷一七六：成都县"有锦江"。《元和郡县图志》卷三一"成都县"："蜀人又谓流江为悬笮桥水，此水濯锦，鲜于他水。"此水系从今都江堰分出之岷江支流走马河，东南流经成都市南，与府河（郫江）合流后统称府河，西南流至彭山县江口镇与岷江正流会合。

[八] 金水河：在今四川成都市旧城内。《方舆纪要》卷六七"华阳县"：金水河，"《志》云：唐白敏中所开，环络街市，谓之禁河。其后相继开浚。……明初建蜀府于河阳，改名金水。《志》云：内江之水，分流入城，为金水河"。此水早已淤塞。系由城西西门铁窗入城，经祠堂街、三桥、玉河沿，至城东南隅出城，注入府河。

[译 文]

白敏中，字用晦，白居易的堂弟。长庆初年进士及第。宣宗时，由邠宁（今陕西彬县）节度使，调任剑南西川（辖今成都及周边地区）。白敏中在成都任职五年，政绩显著，加官兼任太子太师。后调荆南（今湖北荆沙荆州区）任职，官至平章。事迹详见《唐书·白敏中传》。在成都任职时，以成都环锦江为城池，江的支流在成都东西方向，引都江堰水，由城西西门铁窗入城，经祠堂街、三桥、玉河沿，至城东南隅出城，注入府河，时称金水河。

［补　正］ 据《新唐书·白敏中传》

白敏中，字用晦，幼年丧父，跟从同宗族的各位兄长学习。唐武宗素闻白居易之名，想要征召任用他。当时，白居易因足病而去官在家，宰相李德裕说他衰弱疲惫不堪任职，即推荐文词如同白居易而且有度量见识的白居易之弟白敏中。当天任他为知制诰，召白敏中入翰林为学士。宣宗即位，李德裕被贬，白敏中极力诋毁他，为议论者厌恶。李德裕著书也说"惟有以怨报德不可推测"。这大概是斥责白敏中的话。白敏中历任尚书右仆射、门下侍郎，受封太原郡公。从员外开始，先后五年，十三次迁官。

崔铉辅佐政事，想独断专行，担心白敏中身居要职碍事。正值党项多次入侵边疆，崔铉说应该有大臣前往镇抚，天子同意他的话。因此让白敏中担任平章事、制置使等前往。起初皇帝怜爱万寿公主，想下嫁给士人。当时郑颢考中进士科，有世家门第（的背景），白敏中以他充选。当得知郑颢与卢氏订婚后，将要完婚时停止了以郑颢充选。郑颢对白敏中怀恨在心。白敏中因为自己居官在外，害怕郑颢谗毁，便主动向皇帝诉说前情。皇帝说："朕早知道了。如果朕听信了郑颢所说的，还任用你吗？"皇帝环视左右，取出一盒书信，打开让白敏中看，都是郑颢上报谤毁他的奏书，白敏中这才心安。等到出行，皇帝亲临安福楼饯别，颁布玺书告慰，赐通天带，让神策兵护卫，授予他成立府署、选置僚属的权力，礼遇如同裴度讨伐淮西时的规格。驻扎宁州时，诸将已攻破羌贼，在白敏中的劝说告谕下，民众都愿意弃兵兴业。于是从南山依傍黄河置屯堡安置民众，回绕达千里。又谋划萧关通往灵、威的道路，让他们打造耕战的器具。一年后，白敏中任检校司徒，升任剑南西川节度使，他增加骡马骑军，修缮各处关隘。白敏中治理蜀地五年，业绩显著，加授兼太子太师，移任荆南节度使。

懿宗即位后，征召白敏中授任司徒、门下侍郎，再任平章事。白敏中好几个月因脚病不能履职拜见，坚决请求离职，不被准许，宫中派出的使者去慰问，让他在正殿以外的偏殿答对，不用跪拜。右补阙王谱上奏说："白敏中患病四月，陛下坐朝，与其他宰相谈话不过三刻钟，哪有闲暇讨论天下事？希望听从白敏中的请求，不要使他受到依仗宠遇官居高位而才能不胜任的非议。"奏章进上，皇帝恼怒，贬王谱为阳翟令。不久，加授白敏中为中书令。

咸通二年（861），南蛮侵扰边疆，召白敏中入朝商议，皇帝允许挽扶他上殿。白敏中坚决请求免职，于是出任凤翔节度使。三次上奏希望归还家乡守护坟墓。皇帝授予白敏中东都留守之职，他不敢接受，允许以太傅退休。诏书未到，白敏中去世，册命追赠太尉。博士曹邺谴责他有病不坚决退休，而且驱逐谏臣，依恃权威肆意横行，谥号丑。

张 琳

张琳，许州人[一]。唐末官眉州刺史[二]，修通济堰，自新津之修觉山[三]，浚故址，至眉州西南，合于松江[四]，溉田一万五千顷。民被其惠，歌曰："前有章仇后张公[五]，疏决水利粳稻丰[六]。南阳杜诗不可同[七]，何不用之代天工？"已而事高祖[八]，为永平节度判官。大顺初，领邛南招安使。及邛州杀刺史毛湘来降[九]，以琳知留后[一○]，完缮城郭，抚安夷獠[一一]，经营蜀雅，琳之功居多。未几，奏授节度副使，将兵五千平东川[一二]，累授武信军节度[一三]。卒官。

〔注〕

〔一〕许州：北周大定元年（581）改郑州置，治所在长社县（今河南许州）。隋大业三年（607）改为颍川郡。唐武德四年（621）

复为许州。辖境相当今河南许昌、漯河、舞钢、鄢陵、扶沟、临颍、舞阳、郾城、长葛等市县地。

〔二〕眉州：西魏废帝三年（554）改青州置，治所在齐通郡齐通县（今四川眉山）。《太平御览》卷一六六引《周地图记》曰：眉州"因峨眉山为名"。北周辖境相当今四川眉山、丹棱、青神等县地。隋废。唐武德二年（619）复置，治所在通义县（今四川眉山）。天宝元年（742）改为通义郡，乾元元年（758）复为眉州。辖境扩大，相当今四川眉山、彭山、丹棱、洪雅、青神等县地。

〔三〕修觉山：亦名主簿山、宝华山。在今四川成都新津南。南宋范成大《吴船录》："修觉者，新津县对江一小山。上有绝胜亭，一望平野可尽。"明曹学佺《蜀中名胜记》卷七《新津县》："《志》云：南一里修觉山，神秀禅师结庐于此。唐明皇驻跸，为题修觉山三字。"

〔四〕松江：在今四川眉山东南二十里。《方舆纪要》卷七一"眉州"：松江"在州城东南。自蜀江分派，西南流绕州城，与醴泉江合，复入蜀江。江中有哭王滩。孟昶降宋入朝，国人哭送之于此，因名"。

〔五〕章仇：即章仇兼琼，见前注。张公：即张琳。

〔六〕粳稻：《文选·扬雄〈长杨赋〉》："驰骋粳稻之地，周流梨栗之林。"李善注："《说文》曰：'粳，稻属也。《声类》以为粳，不黏稻也。'《汉书》东方朔曰：'泾渭之南，又有粳稻、梨、栗之饶。'"

〔七〕杜诗（？—38）：字君公，河内汲（今属河南）人。初仕郡功曹。更始时辟大司马府。建武初，将军萧广放纵兵士，百姓遭殃，被诗格杀。历职成皋令、沛郡都尉、汝南都尉，所在称治。为南阳太守时，制作水排，铸造农器，开垦土地，兴修水利，郡内富足，谚语称"前有吕父，后有杜母"。

[八] 高祖：指前蜀高祖王建（847—918），字光图，许州舞阳（今属河南）人。少以屠牛、贩私盐为业。唐末从秦宗权镇压农民黄巢起义军，于大顺年间攻取成都，不久尽有四川全境。天复三年（903）被唐封为蜀王。后梁开平元年（907）于成都称帝，国号蜀，建立前蜀政权。

[九] 邛州：南朝梁置，治所在蒲口顿（西魏改置依政县，在今四川邛崃市东南五十五里）。《元和郡县图志》卷三一"邛州"："南接邛来山，因以为名。"隋大业二年（606）废。唐武德元年（618）复置，治依政县。显庆二年（657）移治临邛县（今邛崃）。天宝元年（742）改为临邛郡，乾元元年（758）复为邛州。辖境相当今四川邛崃、大邑、蒲江等市县地。

[一〇] 留后：官名，唐代宗广德元年（763），以梁崇义为山南东道节度使留后，留后之名自此始。唐中后期，藩镇强大，皇帝不能控制，因此节度使多有以子弟或亲信为留后的，也有叛将自立为留后的，以统驭其众；也有称观察留后的；事后多由朝廷补行任命为正式节度使或观察使。北宋因设节度观察留后，成为正式官名，后改为承宣使。参看《旧唐书·裴度传》《新唐书·兵志》、宋高承《事物纪原六》。

[一一] 夷獠：古代对西南少数民族之称。《后汉书·西南夷

传》："夷獠咸以竹王非血气所生，甚重之，求为立后。"

［一二］东川：即剑南东川，简称东川。唐方镇名。至德二年（757）分剑南节度使东部地区置，治所在梓州（今四川三台）。辖境多有变动，主要领有梓、遂、绵、普、陵、泸、荣、剑、龙、昌、渝、合十二州，约当今四川盆地中部涪江流域以西，沱江下游流域以东，及剑阁、青川等县地。广德二年（764）曾一度合并剑南西川，大历二年（767）复分置东川。唐末为王建所并。五代前蜀改为武德军节度使。

［一三］武信军：唐乾宁四年（897）置于遂州（今四川遂宁）。《新唐书·方镇表五》："武信军节度使领遂、合、昌、渝、泸五州。"相当今四川遂宁、大足、江安以东，武胜、重庆市渝北区以西地区。北宋初废。

〔译　文〕

　　张琳，许州人。唐朝末年，官任眉州刺史，修通济堰，从新津的修觉山（今新津南），疏通淘挖原有河道，直至眉州西南，合于松江，灌溉农田一万五千顷。百姓感受到他的恩惠，有歌谣唱道："前有章仇（章仇兼琼）后张公，疏通水利粳稻丰。南阳杜诗（因兴修水利而名的南阳太守）不可同，何不用之代天工？"不久，张琳附于（前蜀高祖）王建，被任命为永平节度判官。唐昭宗大顺初，任邛南招安使。元年（890）九月，邛州（今邛崃）将领任可知杀其刺史毛湘来降王建，张琳任邛州留后统驭其众。他带领民众修理城墙，抚安夷僚少数民族，经营蜀州、雅州成效显著，张琳的功劳居多。不久，他被王建上奏给唐朝廷授予节度副使，率领五千兵平定了东川地区，再次升任武信军节度使。其后在任上去世。

刘熙古

宋

刘熙古，宁陵人[一]，乾德中由兵部侍郎[二]，徙知成都府。圬郭西北九里堤[三]，长九里，故老相传诸葛亮所筑，岁久圮毁[四]。熙古规画修筑，以捍水患，民德之，曰"刘公堤"，复于县西北修穈枣堰[五]。故堰肇于高骈，杀湍悍之巨防也[六]。然庳陋易圮[七]，不足以堙洪源[八]，折逆流，至是而沃野之利溥矣。民咸祀之，事详《宋史》本传。历官至端明殿学士[九]。

〔注〕

〔一〕宁陵：在今河南宁陵县东南宁王城。战国魏地，信陵君被封于此。《史记·陈涉世家》：秦二世元年（前209），周市至魏，"欲立魏后故宁陵君咎为魏王"，皆此。

〔二〕乾德：宋太祖赵匡胤年号（963—968），凡六年。兵部侍

116

郎：官名。隋始置，为兵部尚书的副职。唐制兵部侍郎正四品下，宋升为从三品。

〔三〕坿（fù）：培土加高。《吕氏春秋·孟冬》："坿城郭，戒门闾，修楗闭。"高诱注："坿，益也，令高固也。"按，《说文·土部》："坿，益也。"段玉裁注："今多用'附'训益。附乃附娄，读步口切，非益义也。今'附'行而'坿'废矣。"九里堤：即糜枣堰。在今四川成都西北郊。《方舆纪要》卷六七"成都县·浣花溪"条下："九里堤，《郡志》云：在府城西北隅，其地洼下，诸葛武侯筑堤九里，以防冲啮。"

〔四〕圮（pǐ）毁：坍塌毁坏。唐玄奘《大唐西域记·健驮逻国》："重阁累榭，层台洞户。旌召高僧，式昭景福；然虽圮毁，尚曰奇工。"

〔五〕糜枣堰：见前文"九里堤"注。

〔六〕湍悍：谓水势急猛。《史记·河渠书》："于是禹以为河所从来者高，水湍悍，难以行平地，数为败，乃厮二渠以引其河。"巨防：大堤。《吕氏春秋·慎小》："巨防容蝼，而漂邑杀人；突泄一熛，而焚宫烧积。"高诱注："巨，大；防，堤也。"

〔七〕庳（bì）陋：矮小简陋。《新唐书·卢怀慎传》："望怀慎家，环堵庳陋。"

〔八〕堙（yīn）：填，堵塞。《左传·襄公二十五年》："陈侯会楚子伐郑，当陈隧者，井堙木刊。"杜预注："堙，塞也。"

〔九〕端明殿学士：官名。五代后唐明宗天成元年（926）置，掌四方书奏，多由翰林学士充任，班在翰林学士之上。北宋初沿置，太宗太平兴国五年（980）改文明殿学士，后不复除授。仁宗明道二年（1033）复置，与文明殿学士并存。神宗元丰（1078—1085）中，自曾孝宽始，或以前任执政为之。初无品级，元丰改制始定为正三品。徽宗政和四年（1114）改为延康殿学士，南宋高宗建炎二年（1128）复旧名。后签书枢密院者多带此职。与诸殿学士同掌出入侍从，以备顾问。

［译　文］

刘熙古，河南宁陵人，乾德年间（963—968）任兵部侍郎，迁任成都知府。刘熙古部署加高城西北的糜枣堰，长九里，过去相传这个堤坝是诸葛亮所修筑，年代久远已经坍塌损坏。刘熙古重新规划修筑，用来抵御水灾，百姓感激他，称"刘公堤"，他又在城西北修建糜枣堰取水口。此堰肇始于唐代高骈，是用来抵御湍急洪水的大堤。但比较简陋容易坍塌，不足以抵挡夏季洪水。经过刘熙古修复后，江水到此冲折倒流，到这时真正实现沃野之利的广大。刘熙古去世后老百姓都祭祀他，事情详见《宋史》本传。刘熙古历任官职升迁至端明殿学士。

［补　正］据《宋史·刘熙古传》

刘熙古字义淳，宋州宁陵人，是唐朝左仆射刘仁轨十一代孙子。他的祖父刘实进，曾经任汝阴县令。

熙古十五岁时，精通《易》《诗》《书》；十九岁时精通《春秋》、诸子、历史。避祖父的名讳，不考进士。后唐长兴年间，以精通《左传》《公羊传》和《榖梁传》受到举荐。当时翰林学士和凝掌管贡举，熙古献上《春秋极论》二篇、《演例》三篇，和凝大加赞赏，召他参加进士考试，被录取，于是把他留在门下。

后唐清泰年间，猛将孙铎因战功授任金州防御使，上表推荐熙古为从事。后晋天福初年，孙铎移任到汝州，又征召他为随从。熙古擅长骑射，一天，有些鸦鸟栖集在营门前槐树上，树高百尺，孙铎厌恶鸦鸟，用瓦石投击树木没有赶走，熙古引弓一发，箭射穿鸟背把它钉在树上。孙铎高兴，命令不要去此箭，以表扬他的才能。两年后，孙铎去世，朝廷调他补任下邑令。不久任三司户部出使巡官，兼任永兴、渭桥、华州诸仓制置发运。在后汉做官，任卢氏令。后周广顺年间，改任亳州防御推官，历任澶州支使。秦州、凤州被平定后，被任命为秦州观察判官。

太祖统管宋州时，熙古任节度判官。太祖即皇帝位后，任命他为左谏议大夫，知青州。皇帝征伐惟扬时，他赶赴皇帝行营。建隆二年（961），受诏制置晋州对矾实行专卖，增加税收八十多万缗钱。乾德初年（963），升任刑部侍郎、知凤翔府。不久，改任知秦州。州境边界多寇患，熙古到任后，宣谕朝廷恩德和信用，取少数民族酋长的子弟为人质，边境得以安宁。转任兵部侍郎，改任知成都府。乾德六年（968），就地授任端明殿学士。开宝五年（972），诏令他以端明殿学士参知政事，太祖选择名马、银鞍赐给他。一年后，因脚病请求解职，授任户部尚书退休。开宝九年（976），去世，终年七十四岁。

追赠右仆射。

　　熙古兼通阴阳象纬之术，著有《续聿斯歌》一卷、《六壬释卦序例》一卷，为人淳谨，虽然官位显贵却不改朴素。历任十八个官职，在朝三十多年，从未有过错。曾经收集古今事迹著为《历代纪要》五十卷。他非常精通文字学、音韵学等，著《切韵拾玉》二篇，摹刻献给朝廷，诏令交付国子监颁行。儿子名蒙正、蒙叟。

韩 亿

韩亿，字宗魏，其先真定灵寿人^[一]，徙开封之雍丘^[二]。登进士第，以右谏议大夫、枢密直学士^[三]，出知益州。适大旱，乃先期倍数出粟予民，使民不饥。又疏九升口，下溉民田数千顷。官至尚书左丞^[四]，以太子少傅致仕^[五]。卒赠太子太保^[六]，谥忠献。详《宋史》本传。

〔注〕

［一〕真定：五代唐改镇州置。治所在真定县（今河北正定）。后晋天福七年（942）改为恒州，后汉改为镇州，寻复为真定府，后周又改为镇州。北宋复为真定府。辖境相当今河北唐河以西，藁城、元氏以北地区。

122

韩 亿

韩亿，字宗魏，其先真定灵寿人[一]，徙开封之雍丘[二]。登进士第，以右谏议大夫、枢密直学士[三]，出知益州。适大旱，乃先期倍数出粟予民，使民不饥。又疏九升口，下溉民田数千顷。官至尚书左丞[四]，以太子少傅致仕[五]。卒赠太子太保[六]，谥忠献。详《宋史》本传。

〔注〕

［一〕真定：五代唐改镇州置。治所在真定县（今河北正定）。后晋天福七年（942）改为恒州，后汉改为镇州，寻复为真定府，后周又改为镇州。北宋复为真定府。辖境相当今河北唐河以西，藁城、元氏以北地区。

[二]开封：五代梁开平元年（907）升汴州置，建都于此，号东都。治所在开封、浚仪二县（今河南开封）。后唐改汴州。后晋、后汉、后周及北宋复升为开封府，皆都于此，号东京。北宋辖境相当今河南延津、长垣以南，扶沟、太康以北，原阳、鄢陵以东，民权、兰考以西地。雍丘：西周名杞，为杞国都。春秋初杞国徙都后，始名雍丘，为宋邑。在今河南杞县。《春秋》哀公九年（前486），"宋皇瑗帅师取郑师于雍丘"。后为郑邑。战国初为韩邑。《史记·韩世家》：景侯虔元年（前408），"伐郑，取雍丘"。即此。秦置县。

[三]右谏议大夫：官名。秦以来有谏议大夫。唐德宗贞元四年（788），分置左、右，各四员。右隶中书省，掌侍从赞相、规谏讽谕。宪宗元和元年（806）罢左、右之号，武宗会昌二年（842）复分左、右。初为正五品上，后升正四品下。北宋前期，多出领其他职任而不专言职，用为五品寄禄官。神宗元丰（1078—1085）改制，复置为职事官，员一人，从四品。隶中书省，与左谏议大夫同掌规谏讽谕，凡朝廷有阙失，大事则廷诤，小事则论奏。枢密直学士：官名。简称"枢直"。五代后唐庄宗同光元年（923），改直崇政院置，选有政术文学者充任。宋初置为皇帝侍从，备顾问应对。神宗元丰（1078—1085）改制，定为正三品。徽宗政和四年（1114），改为述古殿直学士。

[四]尚书左丞：官名，东汉置，为尚书台副长官，俸四百石，掌吏民章报及驺伯史，总典台中纲纪，无所不统。其后，魏晋南北朝皆沿置。隋唐权势更大。其后，宋、金、元也置，佐宰相治省事。

[五]太子少傅：官名。掌辅佐太子，位在太师之后。汉代太子

少傅秩二千石，掌辅导太子，并掌太子官属。唐代少傅为从二品，掌晓三师德行，以谕皇太子，奉太子以观三师之道德。见《通典·职官十二·太子六傅》《新唐书·百官四上·东宫官》《宋史·职官二·东宫官》《历代职官表·师傅保加衔》。

［六］太子太保：官名。为照管太子身体、负责太子体育的官。后来西晋曾设此官，东晋不置。北魏、北齐、隋、唐皆置。宋、清等朝也置。清代中叶以后虽无太子，但有太子三师三少，作为加衔，且视为荣典。

［译　文］

韩亿，字宗魏，先祖是真定灵寿（今河北正定）人，后迁徙至开封的雍丘（今河南杞县）。韩亿进士及第，任右谏议大夫、枢密直学士等职，后来出任益州知府。韩亿任职时，正遇大旱灾，于是先期开粮仓，拿出数倍粮食给百姓，使百姓不挨饿。他又疏通九升江口，引水而下灌溉数千顷民田。韩亿官至尚书左丞，退休被追加太子少傅衔。去世后，追赠太子太保，谥号忠献（按：《宋史》为"忠宪"）。详见《宋史》本传。

王觌

王觌，字明叟，泰州如皋人[一]。第进士，历官称职，吕公著、范纯仁荐其可大任[二]。绍圣初，以宝文阁直学士知成都府[三]。江水贯城中为渠，岁久堙塞，积苦霖潦，而多水灾。觌疏治复故，民德之，号"王公渠"。事详《宋史》本传。

［注］

　　［一］泰州：五代南唐升元元年（937）置，治海陵县（今江苏泰州）。辖境相当今江苏泰州、泰兴、盐城、兴化、如皋等地。南宋以后辖境缩小。如皋：古旧县名。东晋义熙七年（411）置，治今江苏如皋如城镇。属海陵郡。南朝宋、齐因之。后历有废置。

　　［二］吕公著（1018—1089）：字晦叔，宰相吕夷简子。举进士。

官至尚书右仆射兼中书侍郎，与司马光同任宰相，主张废除新法。卒，赠太师、申国公，谥正献。范纯仁（1027—1101）：字尧夫，宋苏州吴县人。范仲淹次子。仁宗皇祐元年（1049）进士。累官侍御史、同知谏院。言王安石变法妨民，语多激切，出知河中府，徙成都路转运使，以新法不便，戒州县未得遽行。后拜相。卒谥忠宣。著有《范忠宣公集》。

[三] 宝文阁直学士：官名，宋朝置。位在学士下待制上。直学士为荣誉虚衔，但有此虚衔，可享受超官阶优待。学士、直学士都是贴官，无职守、无所掌，只供侍从顾问。见《宋史·职官二》。

〔译　文〕

王觌（dí），字明叟，泰州如皋人。进士及第，做官很称职，吕公著、范纯仁推荐他可以担当大任。绍圣初年，以宝文阁直学士转任成都知府。成都有岷江支流穿过城中，河道堵塞多年了，又苦于连绵大雨，造成很多水灾。王觌对河道进行疏通治理，恢复了河渠故道。百姓感激他，称之为"王公渠"。事情详见《宋史》本传。

李 璆

  李璆，字西美，汴人[一]。登政和进士[二]。绍兴四年，以徽猷阁直学士[三]，为四川安抚制置使[四]。成都城旧圮毁，璆至，首命修筑，俄大水至，民赖以安。三江有堰，可以下灌眉田百万顷，久圮弗修，田莱以荒[五]。璆率都刺史合力修复。眉人感之，绘像祠于堰所，治蜀功多可纪，详《宋史》本传。

〔注〕

  [一] 汴：河南开封简称。开封城濒临汴水，隋唐于此置汴州，五代梁、晋、汉、周及北宋均称汴京，元灭金后称汴梁，故简称汴。

  [二] 政和：宋徽宗年号（1111—1118）。凡八年。

  [三] 徽猷阁直学士：官名，宋徽宗大观二年（1108）置，从三

品，位在学士、待制上，无职守，无所掌，只供侍从顾问。见《宋史·职官二》。

[四] 安抚制置使：官名。南宋高宗建炎三年（1129）始置于浙西，不久诸州守臣亦加此衔，且许便宜行事。绍兴四年（1134）又置于江西。与安抚制置大使行移文字，许用公牒。属官有参谋、参议、主管机宜书写文字等。其官署为安抚制置使司。

[五] 田莱：正在耕种和休耕的田地，亦泛指田地。

[译　文]

李璆（qiú），字西美，汴州人。宋徽宗政和年间进士。绍兴四年（1134），以徽猷阁直学士身份，转任四川安抚制置使。李璆到成都，看到城郭坍塌毁坏，首先命令修筑城墙和护城河。不久大水来临，百姓赖以安宁。三江有分水工程，可以灌溉眉州地区田地百万顷，但是河道堵塞，年久失修，耕田荒废。李璆率都督、刺史带领工匠合力修复。眉州百姓感念他，绘制他的肖像祭祀在水利工程管理所。李璆治理蜀地的功劳多可记录，详见《宋史》本传。

赵不忥①

赵不忥，字仁仲，嗣濮王宗晖曾孙也。由保义郎累迁知开州[一]，转夔州转运判官[二]，又改成都路转运判官。岁适饥，行抵泸南，贷官钱五万缗[三]，遣吏分籴[四]。比至，下令曰："米至矣。"富民争发粟，价遂平。永康军岁治都江堰[五]，笼石蛇绝江遏水[六]，以灌数郡田。吏盗金减役夫，堰不固而圮，田失水，致岁屡饥。不忥躬操板筑，绳吏以法；出令民业耕者，田主贷之；事末作者[七]，富民振之；老幼疾患者，官为鬻视，全活数百万。都江堰至此复完，蜀亦无饥。迨罢归，蜀人送者，沿成都至双流，遮道不得行。未几，除成都提刑[八]，改西路转运判官。卒赠开府仪同三司[九]，封崇国公。事详《宋史》本传。

---

① 忥（yōu），无音义，当作憂，即忧字。《论语》"仁者不忧"，故字仁仲。

130

〔注〕

〔一〕保义郎：官名。低级武官。宋徽宗定武职官阶，分为五十二阶，保义郎为倒数第四，宋高宗时修改官阶次序，保义郎由倒数第四改为倒数第三。见《宋史·职官九·国朝武选》。开州：唐武德元年（618）改万州置，治所在盛山县（后改开江县，今重庆开州区）。天宝元年（742）改为盛山郡，乾元元年（758）复为开州。辖今重庆市开州区。

〔二〕夔州：唐武德二年（619）以避皇外祖独孤信讳改信州置，治所在人复县（贞观时改奉节县，在今重庆奉节东十里白帝城）。明郭子章《四川郡县释名》卷下：夔州府"春秋名夔国……僖公二十六年为楚灭，地属楚。夔之名泯矣。至唐武德间，复名夔州"。天宝元年（742）改为云安郡，乾元元年（758）复为夔州。辖境相当今重庆奉节、巫溪、巫山、云阳等县地。北宋时辖境略有缩小。景德三年（1006）迁治今奉节县。转运判官：官名。宋太宗太平兴国三年（978）置于诸道，总管转运司庶务，兼督察属吏。

〔三〕缗（mín）：古代计量单位。通常以一千为一缗。

〔四〕籴（dí）：买进粮食，与"粜"相对。

〔五〕永康军：北宋太平兴国三年（978）改永安军置，治所在灌口镇（今四川都江堰）。辖境相当今四川都江堰及汶川南部地。熙宁五年（1072）废为砦，九年（1076）置永康军使，治所在导江县（今四川都江堰东南二十里导江铺）。元祐元年（1086）复移今都江堰市。

　　[六] 石蛇：修堰时用若干竹笼置石，投水中以遏流，其形蜿蜒如蛇，因称。

　　[七] 末作：工商业。《管子·侈靡》："地重人载，毁敝而养不足，事末作而民兴之。"

　　[八] 提刑：宋朝为诸路提点刑狱公事的简称。金设提刑使。明、清各省有提刑按察使，简称"提刑"。

　　[九] 开府仪同三司：官名。三国魏始置，为大臣加号，意谓与三司即太尉、司徒、司空礼制、待遇相同，许开设府署，自辟僚属。两晋南北朝因之。北周置为勋官，九命；武帝建德四年（575），改"开府仪同大将军"。隋置为散官名号，初为正四品上，炀帝大业三年（607）改为从一品，位次王、公。唐沿置，为文散官第一等。北宋前期为从一品文散官，神宗元丰（1078—1085）改制后用为文臣寄禄官，从一品，地位与改制前之使相同，亦号称"使相"。

[译　文]

　　赵不恳，字仁仲，嗣濮王赵宗晖曾孙。他由保义郎屡经升迁为开州知府，转任夔州转运判官，又改任成都路转运判官。正逢饥荒，赵不恳行到泸南，借贷官钱五万缗，派遣官员各处购买粮食。等粮食运到，他就下令说："米到了。"富裕藏粮户争着发放粮食，价格得到了平抑。永康军每年治理都江堰，用蜿蜒如大蛇一样的竹笼装石横截江中分流洪水，用以灌溉几个郡的田地。官吏借机贪污岁修治堰工钱，减少役夫，致使水坝不牢固而被水冲毁，田地没有水灌溉，导致连年饥荒。赵不惎在岁修都江堰时，多次视察工程建设工地，亲手操作修堰工具修筑堤堰，依法将贪污工钱的官吏治罪；发布官府令：佃户耕种田地的本钱，由田主给予借贷；从事手工业和小商贩的人，富人要给予赈济；老人和儿童患疾病的，官员要探视关心，从而保全数百万人口。都江堰到此时修复完毕，蜀中再没有饥荒。等到卸任回归时，欢送赵不惎的蜀地百姓，从成都到双流，道路被百姓挤满以致无法成行。不久，他卸任成都提刑，改任西路转运判官。去世后，追赠开府仪同三司，封崇国公。事迹详见《宋史》本传。

杜广心

　　杜广心，华阳人[一]，字德充，知威州杜益长子[二]。广心少鞠于母党[三]，八岁而归，事继母得其欢心。少习闻刘文节、李息斋之教[四]，气质以美，而乡趣近正，以父致仕恩补官[五]。监雅州芦山县酒务[六]，转为依政、中江、涪城三县丞[七]，知崇庆府江原县[八]，制置使辟通判永康军[九]，未上，遭母丧，以疾卒。江原号称难治，广心输负课为缗十万有奇[一〇]，增楹以筑绳桥，民不病涉[一一]。前在依政辅邑长，邑有土门堰，官苦于费，岁辄坏，乃为之赋丈庀役[一二]，人利灌输[一三]，部刺史、郡守交荐誉之。

〔注〕

　　〔一〕华阳：古旧县名。唐乾元元年（758）因玄宗驻跸成都，以蜀县改名，"华阳本蜀国之号，因以为名"（《元和郡县图志》）。治今四川成都，与成都县共治成都府郭下。

〔二〕威州：北宋景祐三年（1036）改维州置，治所在保宁县（今四川理县东北七十里薛城镇）。《舆地纪胜》卷一四八《威州》："以京递发潍州，误至维州，因改曰威州，谓唐置此州以威制西羌故也。"辖境相当今四川理县地。

〔三〕鞠：生养，抚育。《楚辞·东方朔〈七谏·初放〉》："块兮鞠，当道宿。"王逸注："匍匐为鞠……言己孤独无耦，块然独处，鞠然匍匐。"母党：母族。《尔雅·释亲》："先宗族，次母党，次妻党。"

〔四〕刘文节：即刘光祖（1142—1222），字德修，简州阳安（今四川简阳）人。举进士。累官右正言、知果州。后擢侍御史，进起居舍人。卒，赠华文阁学士，谥文节。著有《后溪集》十卷。李息斋：即李衎（1245—1320），元蓟丘人，字仲宾，号息斋道人。少警敏，有俊才。以将仕郎累官江浙行省平章政事致仕。善画竹石窠木，驰誉当世。

〔五〕致仕：指官员告老辞官。

〔六〕雅州：隋仁寿四年（604）置，治所在蒙山县（今四川雅安西）。《元和郡县图志》卷三二"雅州"："因州境雅安山为名。"大业三年（607）改为临邛郡。唐武德元年（618）复改雅州。治所严道县（今四川雅安西）。天宝元年（742）改为卢山郡，乾元元年（758）复改为雅州。辖境相当今四川雅安、名山、荥经、天全、芦山、宝兴等县域。开元中置都督府，都督羁縻会野、当马等十九州，后增至五十余州。北宋徙治今雅安市。酒务：有关榷酒酤酒的事务。

[七] 依政：西魏置，为邛州及蒲阳郡治。治所在今四川邛崃市东南五十五里牟礼镇永丰村。隋大业三年（607）属临邛郡。唐武德元年（617）复为邛州治。显庆二年（657）移州治临邛县，县属邛州。中江：北宋大中祥符五年（1012）改玄武县置，属潼川府。治所即今四川中江县。明郭子章《郡县释名·四川》卷下：中江县"东南两水夹流，南江来自绵州旧神泉县，东江来自涪城县，至玄武山下与南江合，邑居其中，故名中江"。涪城：南朝梁置，为始平郡治。治所在今四川三台西北六十里花园镇。西魏为平城郡治，北周为安城郡治。隋开皇初改为安城县，十六年（596）复改为涪城县，属绵州，大业初属金山郡。唐武德初复属绵州，大历十三年（778）改属梓州。

[八] 崇庆府：南宋绍兴十四年（1144）以高宗潜藩，升蜀州为崇庆军，淳熙四年（1177）升为崇庆府，治晋源县（今四川崇州）。辖境约当今四川省崇州市和新津县地。江原县：亦作江源县。北宋开宝四年（971）改唐安县置，属蜀州。治所在今四川崇州市东南三十里江源镇。

[九] 制置使：官名。唐朝后期置，为临时军事长官，镇抚地方。北宋或置，掌经边防军旅之事。

[一〇] 负课：亏欠赋税。《宋史·钱暄传》："暄钩考诸路逋租，两浙转运使负课当坐。"

[一一] 病涉：苦于涉水渡川。《孟子·离娄下》："岁十一月徒杠成，十二月舆梁成，民未病涉也。"赵岐注："当以时修桥梁，民

137

何由病苦涉水乎。"

[一二] 赋丈：古代天子筑城时，分派给诸侯应完成的工程尺丈数。《左传·昭公三十二年》："属役赋丈，书以授帅，而效诸刘子。"杜预注："付所当城尺丈。"杨伯峻注："随国之大小，分嘱出役若干，完成工程若干丈。"庀役：雇用工匠。唐元稹《茅舍》诗："度材无强略，庀役有定价。"

[一三] 人：疑为"水"。

[译 文]

杜广心，华阳人，字德充，威州知州杜益的长子。广心从小养在母族家庭，八岁时回来，侍奉继母得到她的欢心。广心从小学习当时名士刘文节、李息斋的教诲，气质不凡，而志向纯正，因为父亲退休而受恩补官。他监理雅州芦山县酒务，后转任依政、中江、涪城三县县丞，后任崇庆府江原县知县。后来从制置使职位转任永康军通判，还没有上任时，因母亲去世，按规定回家守孝，后因病去世。江原县号称难以治理，杜广心填补了以前亏欠的赋税十万多缗，增加经费建筑多处绳桥，解决了百姓涉水渡河难题。以前在依政（今四川邛崃）做县丞辅助县长期间，县里有土门堰，但因官员吝啬费用，偷工减料，有些河道一年就坏了。于是他把工程依次分派给下属雇用工匠保质保量完成，水利从此灌通，吏部刺史、郡守交相推荐赞誉他。

补正人物: 梁 介

　　梁介，乾道中为彭州太守，乾道三年（1167）"修唐昌、九陇、濛阳十余堰，民受灌溉之利，及于邻邦"。乾道四年（1168）梁介"修复三县一十余堰，灌溉之利，及于邻邦"①。

_____

① 王布雷：《都江堰志》四川省地方地编撰委员会，1993年，第478页。

140

魏了翁 张麟之 杨子谟

　　魏了翁，字华父，邛州蒲江人[一]。庆元五年，登进士第，授剑南西川节度判官厅公事。开禧中[二]，徙汉州。嘉定五年，守眉州，问民疾苦，多以蟆颐堰将决为言，欲为改作，则筑事已动。会广汉张麟之来丞眉山，节缩财用，凡得钱三百万，于是畚武阳之石以为堤[三]，下邛筰之竹以为楗[四]，使植根既固，虽有涨潦，不能侵噬。

　　事竣，了翁往观焉，谓州水自白虎江来，其为派二：东流直蟆颐，则病堰；西流薄州，则病城，以利易害，弗可为也。议截江为楗，以捍东流，而酾渠于东西之间，城若堰两利。会潼川杨子谟行郡[五]，相与按视，始得其利害之要，捐钱七十万。了翁亦以少府二百万足成之，命丞受役。起冬十月，讫明年春三月落成，向之异议者，至是咸称道弗衰。其他利民之事，知无不为，俗为之变。仕至福建安抚使，卒，赠太师，谥文靖，累赠秦国公。事详《宋史》本传。

〔注〕

　　〔一〕蒲江：亦作蒱江。汉临邛县地。西魏恭帝置广定县，为蒲原郡治。隋开皇初废蒲原郡。仁寿元年（601）改广定名蒲江县，以境内蒲江河为名。《元和郡县图志》："南枕江水，因以为名。"

　　〔二〕开禧：宋宁宗年号（1205—1207）。凡三年。

　　〔三〕武阳：战国时蜀邑。在今四川彭山东北十五里双河乡平获村与五一村交界处。东晋常璩《华阳国志·蜀志》：周慎王五年（前316），秦张仪、司马错伐蜀，"蜀王自于葭萌拒之，败绩，王遁走，至武阳，为秦军所害"。即此。秦置武阳县。

　　〔四〕邛笮（zé）：亦作"邛筰"。汉时西南夷邛都、笮都两名的并称。约在今四川西昌、汉源一带。后泛指西南边远地区或少数民族。杨炯《唐恒州刺史建昌公王公神道碑》："全蜀兮奥区，枕邛笮兮倚巴渝。"

　　〔五〕潼川：北宋重和元年（1118）改梓州置，治所在郪县（今四川三台）。明曹学佺《蜀中广记》卷五四"潼川州"："左倚梓林，右枕潼水"，因名。辖境相当今四川三台、中江、盐亭、射洪等县地。

〔译　文〕

　　魏了翁，字华父，邛州蒲江（今成都蒲江）人。庆元五年（1199），进士及第，授为剑南西川节度判官厅公事。开禧年间，迁任汉州（今四川广汉）任职。嘉定五年（1212），任眉州太守。魏了翁关心民间疾苦，多次以蟆颐堰将要决口一事向上司汇报，计划改建蟆颐堰，就在事情已经启动时，恰逢广汉张麟之来任眉山县丞。他节缩财政开支，共筹得改堰经费三百万钱，于是凿武阳的石头来筑堤坝，砍伐邛、筰地区的竹子制作竹笼，装上卵石堵塞河堤决口，把基础打得很牢固，即使有涨洪水，也不会被侵噬。

工程竣工后，魏了翁前往视察，他认为眉州水上游从白虎江而来，流向两处：向东流向蟆颐堰，会损伤大坝；向西流迫近州府，有损害城池之忧。他认为两处都有危险，如果在这两者之间考虑趋利避害，无论如何选择，都是不可接受的。他建议截断上游东流的江水修建分水堤堰，在东西两江之间另开渠道分流江水，这样对府城和蟆颐堰都有利。正遇潼川杨子谟到州郡巡查，魏了翁随同参与对水利工程的调查。当了解到其中的利害要点后，杨子谟于是捐钱七十万。魏了翁也拿出州府二百万促成这项工程，任命县丞张麟之承担工程建设。从头年冬十月开工，到第二年春三月落成。以前对此项工程提出异议的人，这时称赞之声不绝。其他有利于百姓的事，魏了翁知道后没有不做的，眉山风俗也为之大变。后来魏了翁官至福建安抚使，死后，追赠太师，谥文靖，后又再赠为秦国公。事迹详见《宋史》本传。

元

吉当普　张　宏

　　吉当普，《通志》作吉达布[一]，元顺帝时人。蜀堰自秦以后，历千数百年，所值冲薄荡啮[二]，大为民患。有司岁治堤防百三十二所，役兵民多者万余人，少亦千人，每人七十日，不及不得休息，不役者日出三缗，富屈于货，贫屈于力，会其费，岁不下七万缗，毫发出于民[三]，十九藏于吏[四]，概其所入，不足以更费。元统二年，吉当普佥四川肃政廉访司事[五]，因巡行周视，得要害之处三十有二。余悉罢之，召判官张宏计曰[六]："若甃之以石[七]，则役可罢，民苏弊除[八]，何惮而莫之为？"

　　于是征工发徒，以至元改元十有一月朔，肇事于都江堰[九]，即禹凿之处，分水之源也。盐井关据其西南[一〇]，江南北皆东行，北旧无江，冰凿之以避沫水之害[一一]，中为都江堰，少东为大小钓鱼矶[一二]，又东跨二江为石门，以节北江之水。又东为利民台，台之东南为侍郎、杨柳二堰[一三]，其水自离堆分流，入于南江，南江东至鹿

144

角^[一四]，又至金马口。又东过大安桥，入于成都，俗称大皂江，此江之正源也。北江少东为虎头山^[一五]，有斗鸡台。台立水则，尺为之画九有一，或称十有一，水及其九，则民喜，过则忧，没则困。又书"深淘滩低作堰"六字于其旁，为治水之法，皆冰所为也。又东为离堆。又东过凌虚、步云二桥，以至三石洞，酾为二渠^[一六]：其一自白马骑东流过郫，入于成都，古谓之内江，今府江是；其一自三石洞北流，折而东，入成都，古谓之外江，即冰所穿二江也。南江自利民台有支流，东南出万工堰^[一七]。又东为骆驼。又东为确石，绕青城而东。鹿角之北涯，有渠曰马坝^[一八]，东流至成都，入于南江。渠东行二十余里，水决其南涯四十有九。岁疲民力塞之，乃自其北涯凿二渠，与杨柳渠合。东行数十里，复与马坝渠会，而渠始安流。自金马口之西凿二渠，合金马渠，东南入新津，罢蓝淀、黄水、千金、白水、新兴至三利十二堰。北江三石洞之东，为外应、颜上、五斗诸堰。外应、颜上之水，皆东北流，入于外江。五斗之水，南入马坝渠，皆内江之流也。外江东至崇宁，亦为万工堰。堰之支流，自北而东为三十六洞，过清白堰，东入于彭、汉之间，而清白堰水溃其南涯，延袤二里余。有司因溃以为堰，堰辄坏，乃疏其北涯旧渠，直流而东，罢其堰及三十六洞之役。

嘉定之青神^[一九]，有堰曰鸿化，则授成其长吏，应期而功毕，若成都之九里堤，崇宁之万工堰，彭之堋口、丰润、千江、石洞、济民、罗江、马脚诸堰。工未施，亦责长吏伺农隙为之。诸堰以都江及利民台之役最大，侍郎、杨柳、外应、颜上、五斗次之，鹿角、万工、骆驼、确石、三利又次之。而都江又居大江中流，故以铁万六千斤，铸为大龟，贯以铁柱，而镇其源，以捍其浮槎[二〇]。然后即工，诸堰皆甃以山石，笵铁以关其中，取桐实油和石灰麻丝，以苴罅漏[二一]。岸善崩者，密筑江石以护之，上植杨柳，旁种蔓荆，栉比鳞次[二二]，赖以为固。盖以百千万计，所至或疏旧渠以导流，或凿新渠以杀势，遇水之会，则为石门，以启闭而泄蓄之。凡智力所及，无不为也。

先是，郡县及兵家，共掌都江之政。延祐七年，兵官奏请独任郡县，民不堪其役，至是复合焉。常岁蓄水之用，仅数月，堰辄坏。今虽缘渠所置碓硙、纺绩之处，以千万计四时流转无穷，且便甚。功甫成，吉当普以监察御史召[二三]，省台上其功，诏揭傒斯制文以旌之。

钱茂曰：右《传》为元时所治蜀堰水道，系吉廉访因冰故迹而增减之。由元至今又五六百年，沧桑小异，不可执前之水道，以强合今之河流也。谨就现在灌口内外两江分合原委而疏证之，以为后此者据。

查灌县水源岷山，汇群流，过汶川[二四]，入灌县西北境，过盐井滩、白马漕，至新工鱼嘴，始分左右，为内外江。外江即正南江，分小支为石牛堰，其正支至鲤鱼堰右，则分为沙沟河，而石牛堰之水合焉，溉灌与崇庆、新津三州县。其下为新石牛堰，再下为漏沙堰，由此分为三支，中名梓潼堰，右仍名沙沟河，左名小徐堰河。正南江再下，则左右两分，右为黑石河，溉灌与崇庆、新津三州县。余水由汤家漕，湃入羊马河。合申溪坎、舒家桥诸水，其下名为金马河。而正南江之中，则分为羊马河，溉灌与崇庆、温江、新津四州县，合申溪坎、吴家埝、黄土堰，过双流，至彭山之江口而总汇其左。其右则为江安堰，即江安河也，又名新开河，即古酸枣河。下游名杨武堰，溉灌、郫、温江、双流、华阳五县，合申家埝、吴家埝、唐家濠、大澥缺、洞子口、尾澥缺、向家林诸处。北分一支为杨柳河，入温江长安桥，至簰桥、金花桥、双流县，合新津三渡水，此外江所谓正南江之支流无余矣。

内江自鱼嘴后接连石埂，右名逼水坝，左名金刚堤，形如人字。至平水漕，乃有头道澥水，澥入外江，名平水漕之漕口。石埂相连而下，名飞沙堰。右边即二道澥水，其流归入外江之江安堰。其接连飞沙堰者，有都江大堰，又名侍郎堰，下连人字堤，即李王雍江作堋以关春水防沫水利害处也。其下则又与千金堤相连，折而东北，与李王所凿之离堆相连。至若新工鱼嘴之左，北岸自杨泗庙、安澜索桥、二王庙、丁公祠[二五]，至镇夷关下之山脚[二六]，名头道岩，即虎头岩，与飞沙堰相对。藉支水势以杀狂澜，实有益于内江堰口，惜同治初为何观察凿损。

接连凤栖窝山下，名二道岩，河中有卧铁二根，每岁修淘，以挖现为度。其接连之东，名三道岩，直薄灌县南门城根，名宝瓶口，立有水则，刻十九画，与南岸离堆象鼻相对，以考验水之涨落，有余与不足。由宝瓶口而下，至太平堰之上鱼嘴，又分左右两道，其太平堰上鱼嘴之由下而右也，为走马河，溉灌、郫、崇宁、温江、成都、华阳六县，然双流亦得其合流尾水之利焉。走马河之下有上漏罐、下漏罐，下为五斗河、五斗口、五斗堰。其对面南岸为龙潭湾，其走马河口下一里，左分为柏木河、牟家滩、龙口堰。入崇宁，下合三道堰、油子河。其走马河口之下十里，右分为羊子堰、羊子河，下合导江堰、徐堰河、油子河。一支入崇宁安德铺^[二七]，郫县犀浦太和场^[二八]，至成都北门。又油子河右分支至郫县北门，又下为两河口，分二支：左名磨底河，入成都西门，出东门，合九眼桥大河；右名清水河，经温江、成华之苏坡桥^[二九]，经南门，过双流，而合新津大河。其太平堰之上鱼嘴由下而左也，分小支，由三泊洞入灌县东门，出北门外，合新开河，又名马桑河，非上所言之江安河，古谓为酸枣河之新开河也。其太平堰正流下之石鱼嘴，又分左右两支：左为蒲阳河，溉灌、彭、崇宁、新繁、新都、汉、金堂七州县，流入简、资、内、富各境，会于泸州始入于江^[三〇]。右为柏条河，即府河，又名中江，溉灌、郫、崇宁、成都、华阳五县。其下之右，分小支为沙子河，而北条河之正流下则三升堰。及中沟堰，又其下名马鞍河，经崇宁、郫县，右合成都西门之河，左合金堂之河，中一支经成都北门，绕至东门大桥，而合九眼桥大河，此内江所谓都江堰之支派无余矣。

总计内外两江，灌溉州县，如瓜引蔓，如松附萝，虽不能条分缕析①。然即茂莅任以来，经营堰工，凡所历之境，无不考察来源去脉，兼访舆论，以存之于日记中，兹约举所记两江原委，附《吉传》后。

张宏，灌州判官，时吉当普金四川肃政廉访司事，召宏议堰工。宏曰："公虑及此，国家之幸，万世之利也。"遂出私钱，试为小堰。堰成，水暴涨而堰不动，乃具文书会行省，及蒙古军七翼之长、郡县守宰，下及乡里之老，各陈利害，咸以为便。复祷冰祠，卜之吉，乃

---

① 析，原作"晰"，形近而讹，径改。

征工发徒，五越月告成。是役也，下自郡县，上至藩部，恶其害己，且疾且怨。或决三洞之水以灌其坎，或毁都江之石以坏其成。宏佐吉当普殚智竭虑，虽百折不少悔，揭傒斯以贤有司美之。

〔注〕

〔一〕《通志》：指《四川通志》。

〔二〕啮（niè）：咬。

〔三〕毫发：犹丝毫。极少，极细微。汉王充《论衡·齐世》："方今圣朝承光武，袭孝明，有浸酆溢美之化，无细小毫发之亏。"

〔四〕十九：十分之九，谓绝大多数。《庄子·寓言》："寓言十九，重言十七，卮言日出，和以天倪。"

〔五〕肃政廉访司：官署名。元朝地方监察机构。秩正三品。世祖至元二十八年（1291），由提刑按察司改名，简称监司、宪司。掌地方监察之事。见《元史·百官二·肃政廉访司》。

〔六〕判官：古代官名。唐代节度使、观察使、防御使均置判官，为地方长官的僚属，辅理政事。见《文献通考·职官十六》。

〔七〕甃（zhòu）：修盖瓦沟，砌垒砖石。《管子·四时》："甃屋行水。"尹知章注："甃者使之行水也。修屋坏。"

〔八〕苏：缓解，解除。

〔九〕肇（zhào）：开始，创始。

〔一〇〕盐井关：元时建，在今四川都江堰西北白沙河注入岷江处东岸。《元史·河渠志》：至元元年（1264）修都江堰，"盐井关限其西北，水西关据其西南"。

[一一] 冰：指李冰。

[一二] 少：稍。

[一三] 侍郎堰：即都江堰。在今四川都江堰西岷江上。《宋史·河渠志》："岁作侍郎堰，必以竹为绳，自北引而南，准水则第四以为高下之度。江道既分，水复湍暴，沙石填委，多成滩碛。岁暮水落，筑堤壅水上流，春正月则役工浚治，谓之'穿淘'。"

[一四] 鹿角：指鹿角堰。元时建，在今四川成都温江区西。《元史·河渠志》："南江东至鹿角，又东至金马口，又东过大安桥入于成都，俗称大皂江。"

[一五] 虎头山：在今四川都江堰西，为玉垒山向西伸延入岷江内一山头。《元史·河渠志》："北江少东为虎头山。"

[一六] 酾（shāi）：疏导，分流。

[一七] 万工堰：亦名官渠。在今四川彭州西南十七里蒲阳河上。《元史·河渠志三》："外江东至崇宁，亦为万工堰。堰之支流，自北而东，为三十六洞，过清白江堰东入于彭、汉之间。"《明史·河渠志》：天顺二年（1458），"修彭县万工堰，灌田千余顷"。清嘉庆以后废。

[一八] 马坝：指马坝河，即酸枣河。今四川成都温江区北之江安河。《元史·河渠志》："鹿角之北涯，有渠曰马坝，东流至成都，入于南江。渠东行二十余里，水决其南涯四十有九，每岁疲民力以塞之。乃自其北涯凿二渠，与杨柳渠合，东行数十里，复与马坝渠会，

而渠成安流。"

[一九]嘉定：南宋庆元二年（1196）以宁宗潜邸升嘉州置，治所在龙游县（今四川乐山）。辖境相当今四川乐山、峨眉山、夹江、洪雅、犍为等市县地。元改为嘉定府路。

[二〇]浮槎（chá）：木筏，指木船。

[二一]苴（jū）：补，填塞。罅（xià）漏：裂缝和漏穴。

[二二]栉（zhì）比鳞次：像梳子的齿和鱼的鳞，密密地排列着。亦作"栉比鳞差""栉比鳞臻"。

[二三]监察御史：官名。隋开皇二年，改检校御史为监察御史。唐朝设监察御史十五人，正八品下；掌分察百寮，巡按州县，狱讼、军戎、祭祀、营作、太府出纳等，知朝堂左右厢及百司纲目。宋元明清皆因之。

[二四]汶川：北周保定四年（564）置，为汶山郡治。治所即今四川汶川。《元和郡县图志》卷三二"汶川县"："县西汶水，因以为名。"

[二五]安澜索桥：又名珠浦桥、绳桥、索桥。在今四川都江堰西北二里岷江上，为二王庙（崇德庙）通青城山主要索桥。《舆地纪胜》卷一五一"永康军"：索桥，"《寰宇记》导江县犍尾堰有索桥、李冰祠。《图经》云：本军江流湍悍，不通船筏。每岁兴工，夏秋绳桥，春冬造浮桥，以通渡往来"。旧桥以竹索，木桩为墩，上铺木板，两旁披以竹索栏，中铺木板，长120丈，宽1丈。1974年改为钢缆，混凝土桩，自旧桥下移百米。二王庙：亦名崇德庙、李冰祠、广济王庙。在今四川都江堰市西北二里岷江东岸玉垒山麓。《舆地纪胜》卷

一五一"永康军"：崇德庙李冰祠"在导江县西三十余里。《舆地广记》谓之广济王庙"。是祭祀都江堰创建者蜀守李冰庙宇，始建于南朝齐，五代后蜀先后封李冰及其子为王，清始称二王庙。今庙为清建，石壁嵌"深淘滩，低作堰""遇弯截角，逢正抽心"等治都江堰三字经、六字诀。丁公祠：指纪念晚清名臣丁宝桢（1820—1886）的祠堂。光绪二年（1876），丁宝桢受到光绪帝的接见，被授头品顶戴、太子少保，兼兵部尚书、都察院右都御史衔，代替吴棠署理四川总督一职。光绪十二年（1886），丁宝桢在四川总督任上去世。任四川总督十年间，丁宝桢改革盐政、整饬吏治、修理都江堰水利工程、兴办洋务抵御外侮，政绩卓著、造福桑梓、深得民心。

[二六] 镇夷关：明永乐四年（1406）置，属松潘卫。在今四川松潘西二十五里。《明史·地理志》松潘卫："又西有镇夷关。"

[二七] 安德铺：即今四川郫县西北安德镇。清雍正《四川通志》卷二二下"郫县"："安得铺在县西二十五里。"

[二八] 犀浦：唐垂拱二年（686）置犀浦县，属益州。治所即今四川成都郫都区东南二十里犀浦镇。《元和郡县图志》卷三一"犀浦县"："昔蜀守李冰造五石犀，沉之于水以厌怪，因取其事为名。"

[二九] 苏坡桥：即今四川成都西十五里苏坡乡。清同治《成都县志》卷二：苏坡桥在"县西南十五里。架木为桥。……南岸温江，北界县界有场即名苏坡桥，跨清水河"。

[三〇] 泸州：南朝梁大同中置，治所在江阳县（今四川泸州）。《元和郡县图志》卷三三"泸州"："取泸水为名。"

〔译 文〕

吉当普，《四川通志》作吉达布，元顺帝时人。都江堰自秦以后，经过一千几百年，被洪水冲刷荡涤，损坏不少，已经成了老百姓的忧患。水利司每年治理堤防一百三十二处，民工多时有一万多人，少也有一千多人，每个人七十天，不修完不休息，不出力的人一天出三缗钱，富裕的出钱出物，贫穷的出工出力，这些费用，每年不下七万缗，一丝一毫都出自百姓，十有八九都被官吏挪用，收集起来经费总是不足以完成岁修。元统二年，吉当普任四川肃政廉访使，他巡视都江堰工程，发现三十二处要害之地被损毁。余下的都没有再巡查，即召来判官张宏测算，他说：如果用石头砌河岸，就可以一劳永逸，免除每年劳役，既让老百姓轻松，又可解除灌溉弊端，是有什么顾虑而不做吗？

于是发布告示，征招民工匠人。至元元年（1264）十一月，从都江堰开始，就是大禹开凿的地方，分水的源头。盐井关限其西南界，南江、北江都向东流，北面原来没有河道，李冰凿开北江用以避免江水的危害。中间为都江堰，东边为大小钓鱼矶，又向东横跨二江为石门，以约束北面（今内江）的江水。又往东是利民台，利民台东南为侍郎、杨柳二坝，江水从离堆分流而出，注入南江（今金马河）。南江东到鹿角，再到金马嘴。又东过大安桥，流往成都，俗称大皂江，这是岷江正流。

北江（今内江）稍微往东就是虎头山，有斗鸡台。台下刻有水则，以一尺为一画，标了九画加一画，有人说画了十画加一画。水位刚到九画，百姓就高兴，过了九画老百姓就会担忧，淹没九画老百姓就会被洪水所困。又刻有"深淘滩低作堰"六字在旁边，是治水法则，这些都是李冰所做的。再往东为离堆，又往东经过凌虚、步云两座桥，到了三石洞，分流为两条河：其中一条从白马骑往东流过郫县，到了成都，古代称为内江（今走马河），如今为府河；另一条从三石洞往北流，转向东，进入成都平原，古代称之为外江（今柏条河），这就是李冰所开的二江啊！

南江（今外江）自利民台有支流，往东南流出万工堰，又往东为骆驼堰，又往东为确石，绕过青城向东。鹿角的北岸，有条河叫马坝，往东流到成都，注入南江（岷江正流）。沿着这条河往东走二十里，水冲决南岸四十九丈，每年都劳民伤财去堵塞缺口。于是从江北岸凿开两条河，和杨柳河汇合。向东几十里，又与马坝渠汇合，从此河渠安流顺轨。从金马河口以西挖两条渠，汇合金马渠，往东南注入新津县；取消了蓝淀、黄水、千金、白水、新兴至三利的十二道分水堤堰。

北江三石洞的东面，为外应、颜上、五斗等分水堤堰。外应、颜上的水，都往东北流，流入外江（今柏条河）。五斗渠的水，向南进入马坝渠，都是内江（今走马河）的河道。

外江（今柏条河）东至崇宁，也就是万工堰。堰的支流，从北往东为三十六洞，经过清白堰，东入彭州、汉州之间。而清白堰的南岸决堤绵延两里多，管理者就地将缺口建成分水堤堰，大坝坏了，于是就疏通北岸的旧渠，一直向东流，放弃了修这段堤堰及三十六洞的工程。

　　嘉定府的青神，有个鸿化堰，就责成当地长官，限定时间完成修堰。像成都的九里堤，崇宁的万工堰，彭州的堋口、丰润、千江、石洞、济民、罗江、马腿各堰。岁修工程没有完成，也要求长官伺农闲维修。

　　诸多维修工程中以都江堰渠首工程及利民台的工程最大，侍郎、杨柳、外应、颜上、五斗次之，鹿角、万工、骆驼、碙石、三利又次之。都江堰渠首工程处于岷江中流，所以用铁一万六千斤，铸造大龟，贯以铁柱，置于鱼嘴前端以镇源头之水，以挡木筏和漂木的冲击，然后就开工。大坝都用山上条石砌成，把范铁埋在预先开凿的石槽中使两石相连，再取桐油拌和石灰、麻丝，填补两石间的缝隙以堵漏洞。容易崩塌的堤岸，密密地砌筑石岸来保护，岸上种植杨柳，旁边种满藤蔓和荆棘，鳞次栉比，这样加固的堤坝有成百上千。凡有江水所到之处，或者疏通旧渠以导流，或者开凿新渠来减缓水势，水流交汇的地方设置石门，用石门的开关来蓄泄和控制水量。凡是能想到的办法，没有不做的。

　　以前，郡县和军队，共同掌管都江的政务。延祐七年，军队官员上奏请求独自管治郡县，老百姓不堪忍受军管的劳役，到这时（至元元年）恢复了旧制。以前每年蓄水用水仅几个月，堰就坏了。现在，沿河渠所设置水碾磨坊数以千万方计，四季流转无穷，为百姓带来的便利太多了。工程刚刚完成，吉当普就以监察御史被召回。朝廷诸省和御史台为了记住吉当普治水的功劳，下诏让揭傒斯作文来表彰。

　　钱茂说：上文这篇传记，是元朝时治理都江堰水道的记载，是吉当普在李冰治水基础上的继承和发展。从元朝到现在又五六百年，经

过了多年的沧桑后，与以前稍有不同，不可用前朝的水道，来强行安在现在的河道上。就拿当前灌口内外两条江分合的情况进行疏通、考证，作为将来治水的依据。

据实地勘查，都江堰水发源于岷山，沿途汇集各支流，经过汶川进入灌县西北境内。经过盐井滩、白马槽，到新建的鱼嘴开始分左右两江为内江和外江。

外江就是正南江，其支流有石牛堰。正南江流经鲤鱼堰，右侧分为沙沟河，与石牛堰的水汇合，灌溉灌县、崇庆和新津三个州县。其下为新石牛堰，再往下是漏沙堰，由此分为三支，中间名梓潼堰，右边仍然叫沙沟河，左边叫小徐堰河。正南江再往下流，就分为左右两部分，右边为黑石河，也灌溉灌县、崇庆、新津三个州县。剩下的水从汤家漕，汇入羊马河。汇合申溪坎、舒家桥几条水流，这以下就叫金马河了。正南江的中流就分为羊马河，灌溉灌县、崇庆、温江、新津等四个州县，汇合申溪坎、吴家堰、黄土堰，经过双流，到彭山的江口总汇往左流。右边（按：应为左边）是江安堰，就是江安河，又叫新开河，即古酸枣河。下游叫杨武堰，灌溉灌县、郫县、温江、双流、华阳五个县，合并申家堰、吴家堰、唐家濠、大湃缺、洞子口、尾湃缺、向家林几条水流。往北分出一支为杨柳河，进入温江长安桥，到簇桥、金花桥、双流县，合并入新津三渡水。这就是外江，即所谓正南江的支流的全部归纳。

内江从鱼嘴后连接石埂，右（按：应为左）岸叫逼水坝，左（按：应为右）岸叫金刚堤，形状像个人字。到平水漕，才有头道湃水缺，将内江水湃入外江，称为平水漕的漕口。石堤相连而下，叫飞沙堰。右边是第二道洴水缺，其水流流入外江的江安堰。接连飞沙堰的有都江大堰（按：这里所称都江大堰为飞沙堰与人字堤的分水鱼嘴），又叫侍郎堰，下连人字堤，这里就是李冰"雍江作坻"引春水灌溉，防洪水之害的地方。其下游又与千金堤相连，转折向东北，与李冰所开的离堆相连接。

至于新建鱼嘴的左边，北岸从杨泗庙、安澜索桥、二王庙、丁公祠，到镇夷关（今玉垒关）下的山脚，叫头道岩，就是虎头岩，位置与飞沙堰相对。借助于对水流方向的支配来减缓狂澜，实际上有益于内江引水口——宝瓶口，可惜同治初年被成都观察何咸宜挖损（按：挖损处有三处，为三道岩支趾①）。连接凤栖窝山下的叫二道岩，岩下河中有卧铁二根（至1994年已增至四根），每年岁修工程内江修淘时，以淘及卧铁为度。东侧与之相连的是三道岩，直接迫近灌县南门城墙根，名为宝瓶口。这里立有水则，刻有十九画，与南岸离堆之象鼻（按：象鼻于1947年被洪水冲毁②）相对，用来标示江水的涨落情况，观察内江进水量是否够用。

从宝瓶口而下，到太平堰的上鱼嘴（今仰天窝鱼嘴），又分为左右两道，太平堰上鱼嘴从下到右边是走马河，灌溉灌县、郫县、崇宁、温江、成都、华阳六县，双流也能得到合流尾水的好处。走马河的下面有上漏罐、下漏罐（按：地下暗河穿过柏条河的出水口和入水口），下面是五斗河、五斗口、五斗堰。对面南岸为龙潭湾。走马河口下一里，左边分为柏木河、牟家滩、龙口堰。进入崇宁，下合三

---

① 王克明：《离堆会被冲毁吗？》，中国档案报，2007年12月14日。
② 同上。

道堰、油子河。走马河口的下十里，右边分别为羊子堰、羊子河，下合导江堰、徐堰河、油子河。一支进入崇宁安德铺，郫县犀浦太和场，到成都北门。油子河右边分支到郫县北门，再往下为两河口，又分出二支：左边叫磨底河，进成都西门，出成都东门，合九眼桥大河；右为清水河，经温江、成华的苏坡桥，经过南门、双流，并入新津大河。

太平堰上鱼嘴由下往左边，分小支，由三泊洞进入灌县东门，流出北门外，并入新开河，又称马桑河。这里不是上面所说的江安河，古代称为酸枣河的新开河。

太平堰正流下的石砌鱼嘴，又分为左右两支：左为蒲阳河，灌溉灌县、彭县、崇宁、新繁、新都、广汉、金堂七州县，流入简阳、资阳、内江、富顺各县境，在泸州入长江。

右为柏条河，即府河，又称为中江，灌溉灌县、郫县、崇宁、成都、华阳五县。柏条河下面往右分出小支沙子河，而北条河的正流下则是三升堰。到中沟堰，又往下叫马鞍河，经崇宁、郫县，右边合成都西门河，左边合金堂河，中间一支经成都北门，绕到东门大桥，而汇合于九眼桥大河。这就是都江堰内江的全部归纳。

总计内外两条江，灌溉州县，如瓜苗引蔓，如松枝附萝，虽然不能条分缕析，但是自从钱茂任职以来，经营都江堰工程，凡是堰流经过的地方，没有不考察来龙去脉，同时访问百姓舆论并将之保存在自己笔记中的。在这里大略列举所记内外两江原委，附于《吉当普传》之后。

张宏，灌州判官，当时吉当普金四川肃政廉访司事，召集张宏商议修复都江堰工程。张宏说："您考虑到这件事，是国家的幸运，是

万世的利益啊!"于是张宏拿出自己的钱,制作工程模型,以供试验。河水暴涨而工程模型没有被损坏,于是准备文书送行省以及蒙古军七翼之长、郡县长官,下至乡里的长老。各自陈述利害关系,大家都认为正确可行。再次祷告于李冰祠,选择吉日,征调工匠劳力,经过五个多月的努力,完成了全部工程。在这场工程战役中,下到郡县,上到省府各部门,都争先恐后地加入工程建设中。有的开掘三洞水灌溉高坎上的田地,有的毁掉工地上需要重建的石块,以协助工程的实施。在这期间,张宏极力辅佐吉当普,殚精竭虑,百折不悔。揭傒斯认为他是贤达的官员加以赞美。

李秉彝

　　李秉彝，字仲常，世家于大都之通州潞县[一]。出为都提举漕运使[二]，御河数千里，不半载，运饷百万石。至元丙寅岁，中台察其廉能，奏授陕西按察副使，巡行灌州[三]。灌故有李公堰。当三江口，遇水漂悍辄坏，岁调夫修完为民病。秉彝谓宜筑之坚，父老以壅遏涨势[四]，恐为成都害。秉彝令投石水中，问曰："水从石上过耶?"皆曰："流石上耳。"遂督有司，三月堰成。自是大水至，冒堰上行，无壅亦无坏，民利赖之。

〔注〕

　　[一] 世家：家世；世系。《新五代史·唐臣传·袁建丰》："袁建丰，不知其世家也。"大都：元代京城，旧址在今北京城内。通州：

162

俗称北通州。金天德三年（1151）置，属大兴府。治所在潞县（今北京市通县）。《元史·地理志》：通州"取漕运通济之义，有丰备、通济、太仓以供京师"。辖境相当今北京通县、河北三河市及大厂回族自治县地。潞县：东汉改路县置，属渔阳郡。治所在今河北三河市西南。

　　[二] 都提举漕运使：即都漕运使司，官署名。元朝置。世祖至元十二年（1275），改漕运司为都漕运司。后分设京畿、江淮、济州三都漕运使司。

　　[三] 灌州：五代后蜀广政十五年（952）置，属成都府。治所在今四川都江堰。北宋改为永康军。南宋末改为灌口寨。元初复置灌州，属成都路。辖境相当今四川都江堰地。

　　[四] 壅遏：亦作"壅蔼"。阻塞，阻止。

[译　文]

　　李秉彝，字仲常，世代居住在大都的通州潞县（今北京市通县）。出京任都提举漕运使，管治河道数千里，不到半年，运送粮饷百万石。至元三年（1266），朝廷官员考察到他的廉洁能干，奏请任命他为陕西按察副使，巡视灌州（今都江堰）。灌州原有李冰所建都江堰灌溉工程，地处三条江的入水口，遇到大水冲击就被毁坏，每年都要征调民夫维修，受到百姓诟病。李秉彝认为应该修筑坚固的堤坝，当地百姓认为用堵塞遏制的方法遏制水上涨趋势，这样恐怕成都被淹。李秉彝令人投石于水中，问："水从岩石上经过吗？"都说："水流是从石上流过的。"于是督促有关部门，动工开始维修，三月后维修工作完成。自此以后大水来到都江堰，都没过堰顶往外江流去，没有造成堵塞也不损坏堰体，百姓安享水利工程带来的福利。

赵世延

赵世延，字子敬，其先永古特族人^[一]。祖阿勒楚尔，为蒙古汉军征行大元帅，镇蜀，因家成都。世延天姿秀发，喜读书，究心儒者体用之学^[二]。弱冠^[三]，世祖召见，俾习官政，授承事郎^[四]，转奉议大夫^[五]。至大元年，除绍兴路总管^[六]，改四川肃政廉访使^[七]，修都江堰，有功农田。四年，升大中大夫^[八]，历官至奎章阁大学士^[九]，拜中书平章政事^[一〇]。至顺元年，致仕。至元二年还成都，卒，封鲁国公，谥文忠，详《元史》本传。

〔注〕

〔一〕永古特：元代蒙古族姓氏。本部落名，以部为氏。《续通志·氏族略》载，其注云："《列传》阿勒楚尔，永古特氏。其先居

165

云中塞上，父达衮为金群牧使，太祖时驱所牧马来归。阿勒楚尔鞠于外祖兆斋家，人言讹为'赵家'，因姓赵氏；又额讷格尔傅，其先属永古特部，曾祖特穆尔格仕金，为马步军指挥使，官名有'马'，因以马为氏，马祖常，其后也。"

［二］体用：中国古代哲学以"体用"指事物的本体、本质和现象。

［三］弱冠：古时以男子二十岁为成人，初加冠，因体犹未壮，故称弱冠。《礼记·曲礼上》："二十曰弱冠。"孔颖达疏："二十成人，初加冠，体犹未壮，故曰弱也。"后遂称男子二十岁或二十几岁的年龄为弱冠。

［四］承事郎：散官名号。北宋始置。前期为正八品下文散官。神宗元丰三年（1080）后改置为新寄禄官，正九品。取代旧寄禄官大理评事。金再置为文散官，以授正八品下文官。元朝沿置，改文官正七品，敕授。明为文官正七品，初授。

［五］奉议大夫：官名。金朝设此官，为文职正六品封阶，上称奉政大夫，下称奉议大夫。元代升为正五品。明朝正五品初授为奉议大夫，升授为奉政大夫。清朝沿用明制。

［六］总管：官名。地方高级军政官员。元朝诸路设都总管、总管，位次达鲁花赤，上路正三品，下路从三品，管理民政。

［七］肃政廉访使：官署名，即肃政廉访司。元建国初期，设立提刑按察司；世祖至元六年（1269），以提刑按察司兼劝农事；二十八年，改按察司为肃政廉访司，后定为二十二道，每道廉访使二人，正三品；副使二人，正四品。内八道，属御使台；江南十道，属江南

行台；陕西四道，属陕西行台。掌察所辖道之官吏、狱讼，兼管农业。

[八] 大中大夫：官名。即太中大夫，"大"通"太"。秦始置，掌议论。汉因之，东汉置二十人，秩千石。魏沿置，无员限。晋视中丞，禄与卿同。梁、北魏、北齐皆置。隋、唐、宋、金，为从四品上文散官，元、明为从三品文散官。

[九] 奎章阁大学士：官名。元设此官，正二品，员额四人，为奎章阁的长官，掌考帝王之治。

[一〇] 平章政事：官名。金、元皆置。元中书省、行中书省皆设此官。《元史·百官一·中书令》："平章政事四员，从一品。掌机务，贰丞相，凡军国重事，无不由之。"行中书省的平章政事，则为地方高级长官。

[译　文]

赵世延，字子敬，他的祖先是蒙古永古特氏人。祖父阿勒楚尔，为蒙古汉军征行大元帅，镇守蜀地，因此在成都定居。赵世延天生聪颖，才华出众，爱读书，研究儒学，喜欢对事物追根溯源。刚成年，受到元世祖召见，让他学习行政管理和时事政治，授予承事郎官职，后转任奉议大夫。至大元年（1308），他被免去绍兴路总管之职，改任四川肃政廉访使。赵世延任职后主持维修都江堰，为农田灌溉立下功劳。至大四年（1311），升任大中大夫，历官至奎章阁大学士，任命为中书平章政事。至顺元年（1330），辞官，至元二年（1336）回到成都。死后，封鲁国公，谥文忠，详细政绩见《元史》本传。

明
胡子祺

胡子祺，江西吉水人，官彭州知州[一]。治都江诸堰，一本秦守遗制。盖因历代治堰，每用铁石，劳费不赀，遂以竹木代工，其费大省。然岁必更易，民以为劳，子祺去后有复用铁石者。

〔注〕

[一] 知州：为知州事、知军州事的简称。州的长官本为刺史，宋太祖接受唐、五代藩镇为害的教训，便把节度使留在京师，不遣其赴任，而派京官带本官暂理其州事，称"知军州事"，军指兵，州指民政，或称"知州事"，虽没正式定为官名，实为州的长官。见《宋史·职官七·府州军监》。

〔译　文〕

　　胡子祺，江西吉水人，任彭州知州。治理都江堰及各支流，一直都沿用秦国郡守李冰遗留下来的制度。因为了解到历代治理都江堰，凡是用铁石，花费不少钱财。胡子祺于是用竹木代替，费用大大地节省了。但是每年必须更换，百姓认为太劳烦，胡子祺离任后又恢复使用铁石。

夏埙

夏埙，字宗成，浙江天台人。景泰二年进士，授御史[一]。天顺初，巡按福建，继清军江西，以荐超擢广东按察使[二]。成化八年，以右副都御史[三]，巡抚四川。苗獠时为寇，埙立互知会捕法，贼为之戢[四]。古州苗万余，居烂土久，时议逐之，埙以为非计。松潘参将尧或请益戍兵三千[五]，又力陈不可，皆得寝[六]。在蜀二年，夷民畏服。然颇厌烦剧[七]，又与时多龃龉[八]。子镟献诗劝归，欣然纳焉。年未五十，求退。章四上，得请归。杜门养亲，不接宾客。又五年，卒于家。其莅蜀之明年，以远人赴都江工役不便，将郫灌杂派科差[九]，均摊得水州县，专备工料，以供堰务。《明史》本传遗之，《河渠志》亦未详。

〔注〕

〔一〕御史：官名。周始置，掌邦国都鄙及万民之治令，以赞冢宰。东周各诸侯国也设御史，为亲近之职，掌文书记事。秦置御史大夫，位上卿，掌副丞相；御史监郡，遂有弹劾纠察权。汉代御史执法，受公卿奏事，举劾按章。汉代御史的官署称御史府，或御史台，或兰台寺，或简称兰台，或御史大夫寺。汉以后，御史职衔经常变化，唐有侍御史、殿中御史、监察御史。到明清仅存监察御史。

〔二〕超擢（zhuó）：超一级或更多等级而晋升。按察使：官名。朝代不同，职权也不一样。元朝初期设提刑按察使，后改称肃政廉访使。明朝初期仍称按察使，为按察使司的长官，掌管一省的司法，还设有按察分司、分道巡察；中期以后，又设巡抚，按察使便成了巡抚的属官。

〔三〕副都御史：官名。明洪武十六年（1383）置，为都察院副长官。左、右各一人，正四品。十七年升正三品。建文（1399—1402）中改御史大夫。成祖即位，复旧制。南京都察院亦置，无左职。佐都御史掌都察院事。

〔四〕戢（jí）：收敛，收藏。

〔五〕松潘：明洪武十二年（1379）置松州、潘州二卫，寻并为松潘卫，属四川都司。治所在今四川松潘。二十年（1387）改为松潘等处军民指挥使司。嘉靖四十二年（1563）复改为松潘卫。辖千户所一、长官司十六、安抚司五。辖境相当今四川松潘、南坪、若尔盖、红原、马尔康、黑水等县及甘肃迭部县东南一带。参将：官名。

明朝镇守边远地区的军官有参将，地位次于总兵、副总兵，为总兵的属官。参将为提督统理营务的，称提标中军参将；为巡抚统理营务的，称抚标中军参将。

[六] 寝：停止，平息。

[七] 烦剧：指繁重的事务。

[八] 龃龉（jǔ yǔ）：上下牙齿对不齐，比喻意见不合，互相抵触。

[九] 杂派：正税以外的各种摊派。科差（chāi）：古代官府按条例科派的徭役和税捐。

[译 文]

夏埙（xūn），字宗成，浙江天台人。景泰二年（1451）进士，授官御史。天顺初年，巡按福建，继而任清军御史派往江西清理军队军籍，因人推荐破格提升为广东按察使。成化八年（1465），任右副都御史，巡抚四川。当时，苗族人时来侵犯，夏埙会同各有关人士收集交流擒捕的办法，贼寇终被其擒获。古州苗族有一万多人，长期居住在偏远苦寒地区，当时很多官员要求驱逐他们，夏埙认为这不是好办法。松潘参将尧戫请求增加戍兵三千，夏埙又极力陈说不可以，最后能平息。夏埙在蜀地两年，少数民族都敬畏他。然而他很讨厌繁重的事务，又常与当地官员意见不合，儿子夏镤写诗劝他回家，夏埙欣然采纳。年龄不到五十，请求退休，四次上奏请辞，才获准回家。闭门奉养父母，不接待宾客。又过五年，在家去世。他在四川的第二年，因为灌区远方的人去修筑都江堰不方便，于是将郫县灌州正税以外的各种摊派以及徭役均摊到各用水州县，专门负责人工材料等费，以供修堰使用。《明史》本传没有夏坝，《河渠志》的记载也不详细。

邱鼐

邱鼐，明孝宗时为都御史[一]，巡抚四川。初洪武时诏所在有司[二]，以水利条上者，即时陈奏。越二十七年，复分遣国子生[三]，及诸色人材，遍诣天下[四]，督修水利。然都江之役，仍或作或辍者，以无专官领之故也。鼐抚蜀深悉其弊，以所在有司，治事皆繁剧[五]，而水利每或失之。至国子生及诸人，其来也远，其居也暂，各部分治河流，支移脉转，往往形格势禁[六]，不能剖析乎分合错综之源①。因于弘治三年，奏设专官，总领都江堰事。都江治水之员，由此著为令典[七]。

---

① 析：原作"晰"，形近而讹，径改。

〔注〕

[一] 都御史：官名。明、清皆置。为都察院长官，掌纠劾百司，辨明冤枉，提督各道，为天子耳目。

[二] 洪武：明太祖（朱元璋）年号（1368—1398）。凡三十一年。

[三] 国子生：国子监学生总称。

[四] 诣（yì）：到。

[五] 繁剧：事务烦琐沉重。

[六] 形格势禁：指受形势的阻碍或限制，事情难于进行。格，阻碍。禁，制止。《史记·孙子吴起列传》："夫解杂乱纷纠者不控卷，救斗者不搏撠，批亢捣虚，形格势禁，则自为解耳。"

[七] 令典：好的典章法度，泛指法令。

〔译　文〕

邱鼐（nài），明孝宗时为都御史，巡抚四川。当初洪武时期下诏有关部门，有关水利的奏章，及时陈奏，不得拖延。过了二十七年，又分别派遣国子监学生，以及各类人才，走遍天下，监督兴修水利。但都江堰水利工程的维护，仍然断断续续，这是因为没有专门职官管理的缘故。作为四川巡抚的邱鼐深知这种弊端，因为政府主管部门，治理政事又繁重，致使水利工作经常被疏忽。到任国子监学生和其他官员，他们来自远方，停留时间又短。由各部来分治河流，支移脉转，往往受形势的阻碍或限制，工作难于开展，不知道河道的分合和治水工程错综复杂的原因。因此在弘治三年（1490），上奏设置水利专门管理机构官员，总领都江堰水利事务。都江治水的专门机构，从此成为法令。

胡 光

　　胡光，安徽绩溪人。孝宗时^[一]，由进士官灌县知县，《志》称循吏也^[二]。弘治九年，光伐石冶金，因旧址甃砌为防，贯以铁锭柱三，各长一丈二尺，使当湍势。石堤中贯铁处，固以油灰，直长一十五丈，高一丈三尺，阔五尺，首阔一丈二尺，用铁三万三千余斤，各色工役，计二十五万三千二百有奇。

〔注〕

　　[一] 孝宗：指明孝宗朱祐樘（1470—1505），年号弘治。史称他恭俭有制，勤政爱民，朝序清宁，民物康阜。

　　[二] 循吏：善良守法的官吏。《史记》卷一三〇《太史公自序》："奉法循理之吏，不伐功矜能，百姓无称，亦无过行。作《循

吏列传》第五十九。"

[译　文]

　　胡光，安徽绩溪人。明孝宗时，由进士任灌县知县，《灌县志》称他是善良守法的官吏。弘治九年（1496），胡光采伐石条、冶铸铁锚，根据李冰旧堤砌筑堤坝，贯以铁锚相连，打造三根铁锭柱，各长一丈二尺，用它来阻挡湍急的洪水。石堤中贯铁处，用桐油石灰填缝加固。堤长十五丈，高一丈三尺，宽五尺，鱼嘴部分宽一丈二尺，用铁三万三千多斤，各种工役，共计二十五万三千二百多个。

卢翊

卢翊，字凤翀，江南常熟人。弘治庚戌进士，历御史，出按四川，兼视水利，凿都江堰，连岁大熟[一]。抚降天全六番招讨司[二]，迁副使，守御松潘，更定戍法，禁戍长苛敛。修铁锁桥，及葺治栈阁以通道，行者便之，人号为卢岩阁。进云南参政[三]。其治堰，以铁绳、铁柱糜费甚[四]，且震荡无存，乃用笼石古法，笼制长三丈，径一尺八寸，形扁而面平，椒眼参差[五]，实以大小圆石，仍檄有司置镵镢巨綦[六]，役夫三千，从事滩碛，以导其流，堰则听民之便而已。修浚时，深及铁板，得李冰所刻六字。因置疏江亭覆之，又磨石重镌水则，以贻来者，规画益宏远矣。

〔注〕

〔一〕熟：植物的果实或种子长成，又特指庄稼可收割或有收成。

〔二〕天全六番招讨司：明代四川土司名。洪武六年（1373）十二月，合天全、六番二招讨司置。秩从五品。治所在今四川天全。天全地处汉藏自然经济区域接壤地带，是连结汉藏两族人民的纽带茶马互市的集散市场。

〔三〕参政：元朝在中书省、行中书省设参政，位在令下，为副贰长官。明朝在各布政司设左右参政，位在布政使下。清初各部也设参政，后改称侍郎。

〔四〕糜（mí）费：浪费，耗费过多。

〔五〕椒眼：指如椒实大小的洞孔。参差：杂乱不齐的样子。

〔六〕镶（qú）：古代戟类或戈类的兵器。蔂（léi）：土筐。

〔译 文〕

卢翊（yì），字凤翀（chōng），江南常熟人。弘治庚戌（1490）进士，历任御史，出任四川按察使，同时兼管水利，开凿都江堰，农业连年大丰收。他因为安抚招降天全六番招讨司，升任四川副使，守卫松潘，改定戍边军队法规，禁止长官苛政敛财。后又修建铁索桥，修葺栈阁通道，方便百姓通行，人们称之为"卢岩阁"。其后升任云南参政。

　　卢翊治堰时，了解到用铁绳、铁柱等耗费太多，且经不住洪水冲刷，荡然无存。于是仍然用笼石古法，笼制长三丈，直径一尺八寸，形扁而面平，编成大小参差不一的孔洞，填满大小不一的鹅卵石，有关部门设置大土筐，民工三千，从事沙滩清淤，以引导水流，建筑大坝遵从百姓的意愿。疏淘时，深及江底铁板，看到李冰时所刻"深淘滩低作堰"六字诀，为之建疏江亭安放它，又磨石重新刻好水则，用以留给后人，对都江堰水利工程有远大的规划。

吕翀

吕翀，江西永丰人。弘治十二年进士，以直谏忤逆瑾[一]。瑾败，起云南按察司佥事[二]。正德中[三]，迁四川副使，修治都江堰，以资灌溉，水利大兴。嘉靖初[四]，卒。

〔注〕

[一] 瑾：即刘瑾（？—1510），兴平（今属陕西）人。本姓谈。依刘姓做宦官，遂冒姓刘，侍武宗于东宫。武宗立，掌钟鼓司。与马永成、高凤、罗祥、魏彬、丘聚、谷大用、张永等得宠，时号"八虎"。瑾狡狠。渐受帝宠信，升内官监，总督团营。侵民田，置皇庄至三百余所；诱帝微行游宴；引聚私党，斥逐大臣；掌管东厂、西厂，屡兴大狱，冤声遍道。擅权天下，公侯勋戚以下，皆称刘太监而

不名。后被张永告发，图谋反叛，伏诛。

[二] 佥事：官名。明朝及清初提刑按察使司之职官。朱元璋吴元年（1367）始设，为按察使司之正官，正五品。洪武十三年（1380）革，次年复设。分领提学、驿传、清军、分巡、兵备等道。各省因事而置，无定员。

[三] 正德：明朝武宗的年号（1506—1521）。凡十六年。

[四] 嘉靖：明朝世宗的年号（1522—1566）。凡四十五年。

[译 文]

吕翀，江西永丰人。弘治十二年（1499）进士，因为直言进谏冒犯了太监刘瑾。后刘瑾图谋反叛失败后，皇帝起用吕翀任云南按察司佥事。正德年间，升任四川副使，修建都江堰，用来供给灌溉，水利大兴。嘉靖初年去世。

严时泰 周 相 蒋宗鲁 孙宗鲁 汤 拱

　　严时泰，浙江余姚进士。嘉靖中，先任四川布政使。岁丁未，以副都御史来抚蜀。其夏，二江暴涨，田土冲决靡遗，附江居民之庐舍，亦漂没殆尽。时泰见之恻然，因过内江，访高韶而问焉。高曰："是都江堰淘筑之失宜也。"时泰颔之[一]。入省，即檄管带水利按察司副使周相，洎成都府知府孙宗鲁[二]，选委成都通判汤拱[三]，崇宁知县刘守德，督理堰工，一如高议。明年夏，江涨及旧痕而止，不复为患。高韶作书达时泰，为乡人谢大惠。时泰复书曰："此有司勤事之力，时泰何与焉？"君子以是多时泰之劳心民事，而谦让尤不可及云。

　　周相，浙江鄞县进士。官按察司副使，管带成都水利，奉严时泰檄，与府判县令孙宗鲁、汤拱、刘守德等，通力合作，克襄厥事，涨不为灾。嗣有知府蒋宗鲁，欲修秦守之政，具事以请，因与蒋相度地势，寻求故址，得堰之最要者九，欲尽甃之以石。其堰当急流之冲，则石之外，再护之以铁。议者韪之^[四]，计所费不资，而相适有江西参伯之命，去川，事遂寝，论者惜之。蒋宗鲁，贵州普安卫进士^[五]。

〔注〕

[一] 颔（hàn）：点头。

[二] 洎（jì）：到，及。

[三] 选委：犹选派。

[四] 韪（wěi）：是，对（常和否定词连用）。

[五] 普安卫：明洪武十五年（1382）置，属贵州都司。治所即今贵州盘县特区。二十二年（1389）升为军民指挥使司。清康熙二十六年（1687）废。

〔译 文〕

严时泰，浙江余姚人。嘉靖年间进士，先任四川布政使。丁未年（1547），以副都御史之职任职四川。这年夏天，都江堰内外二江流域洪水暴涨，田地冲毁无数，沿江居民的房屋，也全被洪水冲没。当时严时泰看见非常难受，就渡过内江，去访问高韶，问他治水方法。高说："这是都江堰淘修不当造成的。"严时泰点头称是。进入省府，立即通知管带水利按察司副使周相，及成都府知府孙宗鲁，选派成都通判汤拱，崇宁知县刘守德，督理堰工岁修，全部照高韶说的去做。

第二年夏天，江水涨到之前的旧痕而止，却不再有水患发生。高韶写信送达严时泰，代表乡人感谢他的大恩德。严时泰回信说："这是有关部门勤奋工作的结果，与时泰有什么关系呢?"有识之士认为严时泰不仅劳心于民，其虚心谦让的精神是很多人都做不到的。

周相，浙江鄞县进士。官按察司副使，管带成都水利，奉行严时泰号令，与成都府判以及县令孙宗鲁、汤拱、刘守德等，通力合作，共同完成治水事，使水涨而无灾。后来有知府蒋宗鲁想效法秦守李冰的治水方法，大小事务都来向周相请示商量，通过两人勘察地势，寻找遗址，找到最重要之地九处，全部用石头砌成。鱼嘴在急流的要冲，在砌石坝外，再用铁柱保护。百姓赞扬他，但是计算费用不够，而周相恰好有江西参伯的任命，离开四川，修堰事情于是停止。百姓都说可惜了。蒋宗鲁，贵州普安卫进士。

施千祥　刘守德 张仁度 王来聘

施千祥，福建福州进士。嘉靖中，官按察司佥事，提督四川水利，值周相去蜀后，凡周所未竟者，施皆竟之。其言曰："事贵有序，功贵因时，铸铁之功，易于甃石，且要焉，盍先之[一]?"徐谋其后，乃檄崇宁令刘守德、灌令王来聘谋铸铁牛，其费则议出公储之应修堰者[二]，经画处置甚悉。蜀王闻而贤之，命所司助铁万斤，银百两。时庚戌二月矣，春水始发，急切不能兴工，众惧焉，施曰："今即不及事，不可以为来岁计乎?"毅然为之，而刘令及张判、王令，亦力为之助。凡所需不数日咸集，以是月二十四日入冶，一昼夜中，成牛二，各长丈余，首合尾分，如人字形，以其锐迎水之冲，高与堰嘴等。复立铁桩三株于牛之下流，以固鱼嘴之石，下则仍竹笼也。勒铭于牛首曰："问堰口，准牛首。问堰底，循牛趾。堰堤广狭顺牛尾，水没角端诸堰丰，须称高低修减水。"坯冶之日[三]，民环而观者亿万，欢声震山谷间。父老皆合掌曰："此吾子孙百世利也。"是役计铁七万斤，及工费共用银七百两。高韶、陈鎏记其事。是时各州多堰工旧逋[四]，千祥下令后，民乐输之，除费外尚有赢余。水次居民，杙急湍为磨碓[五]，以规水利，施不禁而薄税之，复岁得八百金，以作每年堰费，不更取诸民矣。

刘守德，官崇宁知县。时周副使、施佥事先后治堰，用铁牛。守德于是昼夜勤事，移石浚沙，就堰口上三丈许，制竹兜竹笆，以栏江流。而后凿江至底，密植柏桩三百余株，坚筑以土，与桩平。横铺柏木于桩上，鬶以石板，石长几丈，厚几二尺，熔铁为锭以钤之。更铸铁版为底，作牛模其上，请佥事躬率顺庆府通判张仁度、灌县知县王来聘，誓告江神及李冰祠。命铸工分据大炉十一座，鼓鞴于牛模旁[六]。旋作土台之上，化铁而泻于槽，以注模内。更用大锅五十余，陆续熔铁添注，凡用铁六万七千斤，而二牛成，铁板、铁锭用铁五千斤。其将事程功者，以守德为最。

［注］

［一］盍：何不，表示反问或疑问。

［二］公储：朝廷的储备。

［三］坏冶：谓制陶和冶炼。

［四］旧逋（bū）：旧欠。

［五］杙（yì）：小木桩，这里用作动词，用木桩刺。碓（duì）：木石做成的捣米器具。

［六］鞴（bài）：古代用来鼓风吹火的皮囊。

[译 文]

施千祥，福建福州人，嘉靖年间进士。明嘉靖二十九年（1550）任职四川省按察司金事，提督四川水利，正值周相卸任离蜀后到任，凡是周相想到而没有完成的水利工作，施千祥都完成了。他说："做事贵在有头有尾，成功贵在天时。铸铁的成就大，且比砌石容易，也更重要，何不先去做呢？"他慢慢思虑后，就令崇宁县令刘守德、灌州令王来聘前来商议铸造铁牛之事。经商议，费用出于朝廷的储备水利经费，筹划考虑得非常细致。蜀王听说后认为他很贤能，谋划得很好，便命令蜀王府公差支援铁万斤、银百两。当时已经是二月了，春季水开始涨发，时间紧迫而又不能动工，众人都担心。施千祥说："今天没有遭遇的事，不可以为来年做准备吗？"毅然开工铸牛。而刘守德、张判官和王来聘，也在积极努力帮助他。凡是需要的物资不几天都集齐，从这月二十四日将铁入炉冶炼，一昼夜中，铸成两头铁牛，各长一丈多，头相合而尾相分，如人字形，用铁牛的头部迎接江水的冲击，高度与鱼嘴相同。再栽植三株铁桩在牛的下游，用来巩固鱼嘴的石头，下面仍然用竹笼装石。铸字在牛头："问堰口，准牛首。问堰底，循牛趾。堰堤广狭顺牛尾，水没角端诸堰丰，须称高低修减水。"制牛模和冶炼的时候，有亿万百姓前来围观，欢呼声震动山谷。老年人都双手合十说："这是在为我们子孙后代谋利啊。"这项工程共计用铁七万斤，加上工费共用银七百两。高韶、陈鎏记下了这件事。当时各州对堰工费用多有拖欠，施千祥下令后，各州乐于交纳，除岁修费用外还有多余。水边居住的百姓，在急流河段打木桩建磨坊，发展水利，施千祥没有禁止，只是收取少量税费，再一年得到八百金，用作每年维修堰费，岁修工程就不再收取百姓费用了。

刘守德，任崇宁知县。当时周副使、施佥事先后治理堤坝，铸铁牛。刘守德于是日夜辛勤工作，挖石疏浚泥沙，在堰口上三丈左右，制竹笼竹笆，以拦江流，然后深淘滩至江底，在江中密集栽植柏木桩三百多株，在纵向用泥土浇注其中层层筑牢坚固，直到与木桩一样高，再横铺柏木在桩上，砌筑石板，每块石板长近一丈，厚约二尺，用熔化的铁水铸成锚锭锁住石板。又新铸造铁版为底，做铁牛模具在上，请施千祥佥事亲自率领顺庆府通判张仁度、灌县知县王来聘，向江神和李冰祷告。命令铸造工分别制作冶铁大炉十一座，准备鼓风吹火的皮囊在牛模旁，放置于旋作土台上，将熔化的铁水倾泻在槽内，奔腾到模里。又用大锅五十多口，陆续熔铁添注，共用铁六万七千斤铸成两头铁牛。铁板、铁锭等用铁五千斤。这事论功劳，刘守德最大。

朱祐槟　厚烨 李钧

　　朱祐槟，宪宗第六子[一]，张德妃生。成化二十三年丁未，封益端王。弘治八年乙卯，之藩建昌，故荆邸也。性俭约，巾服浣至再[二]，日一素食，好书史，爱民重士，无所侵扰。正德间，水利金事卢翊修治都江，以故堰铁石漂荡无存，遵秦守遗制，用竹笼，因笺启蜀王，得岁助青竹四万竿，以给盛石篓笼之用。

　　厚烨，益端王祐槟长子。初封庄王，嘉靖十八年己亥，益端王薨，烨嗣。性朴素，外物一无所嗜。二十九年庚戌，春，宪副施千祥修治都江，谋铸铁牛，王闻而贤之，命有司助铁万斤，银百两，复遣长史李钧，赍币帛、羊酒[三]，劳诸执事，暨工役人等，犒赏有差。

〔注〕

〔一〕宪宗（1448—1487）：即朱见深。明英宗长子，初名见浚。天顺八年，即皇帝位，年号成化。在位，能够上景帝尊号，抚恤于谦之冤，抑黎淳而用商辂，蠲赋省刑，百姓富足，是他的功。而任用汪直，西厂横行肆虐，奸臣窃柄专权，积恶弄兵，却是其过。统治期间，曾爆发刘通、石龙等起义。

〔二〕巾服：头巾和长衣，亦泛指士大夫的服饰。

〔三〕赍（jī）：怀抱着。币帛：缯帛。古代用于祭祀、进贡、馈赠的礼物。羊酒：羊和酒。古时用作馈赠、定亲、祭祀的礼物。

〔译文〕

朱祐槟，宪宗第六子，张德妃生。成化二十三年丁未（1487），封益端王。弘治八年乙卯（1495），封王江西建昌，这是前荆王府邸。他性格节俭，衣服头巾反复洗了再穿，每天吃一餐素食，喜好读书，爱百姓重人才，不侵扰百姓。正德年间（1506—1521），水利佥事卢翊修理都江堰，因为原都江堰上的铁石都漂荡无存，卢翊遵照秦蜀守李冰遗留下来的制度，采用竹笼维修，写信给蜀王。于是蜀王一年资助青竹四万竿，用来编制竹笼装卵石用。

朱厚烨，蜀端王朱祐槟长子。起初封为庄王，嘉靖十八年己亥（1539），蜀端王去世，朱厚烨继承。厚烨性情朴素，没有不良嗜好。二十九年庚戌（1550）春天，施千祥治理都江堰，计划铸造铁牛，朱厚烨听说后称赞施千祥，命令有司捐助铁万斤、银百两。又派长史李钧，送祭祀用的缯帛（礼品）、羊和酒，慰劳犒赏各位执事者和水利堰工。

郭 庄 徐元气 杜诗

郭庄，字子庄，安徽徽州人。隆庆二年进士[一]。癸酉，以御史巡按四川。万历乙亥[二]，江大溢，堰尽坏。成都知府徐元气、灌县知县萧奇熊，列状修复，巡抚都御史曾公、罗公先后允行。郭为巡按御史，虑益深长，命于铁牛外增铁柱，寻牛趾而浚之。自堰以下，如仙女、三泊洞、宝瓶、五陡口、虎头诸岸，间植三十铁柱，每柱长丈余，共用铁三万余斤。又树柱以石，护岸以堤，水遇重则力分，安流则堰固，其法大都仿古。水利佥事杜诗，悉心区画，始万历三年十一月，越明年三月工成，费金三百有奇，灌溉田畴千里。适郭还朝，复按兹土，左布政使袁随，右布政使潘允，按察使刘庠，参政蔡汝贤、秦淦，副使王原相，佥事甄敬，来观厥成[三]，相与赞郭庄，并及诗。记其事者，沔阳进士陈文烛也。徐元气，宣城进士。杜诗，奚县举人。

〔注〕

〔一〕隆庆：明穆宗年号（1567—1572）。凡六年。

〔二〕万历：明神宗年号（1573—1619）。凡四十七年。

〔三〕厥成：终于完成。

〔译　文〕

　　郭庄，字子庄，安徽徽州人。隆庆二年（1568）进士。癸酉年（1573），以御史巡按四川。万历乙亥年（1575）间，岷江洪水泛滥，都江堰完全被毁坏。成都知府徐元气、灌县知县萧奇熊请示修复，巡抚都御史曾公、罗公先后赞同执行。郭庄作为巡按御史，考虑更加深远，命令在铁牛之外增加铁柱，随牛脚指示方向进行疏通。从鱼嘴以下，如仙女、三泊洞、宝瓶口、五陡口、虎头岩等岸，间隔栽植三十根铁柱，每根柱子高一丈多，共用铁三万多斤。又用石柱石墩，护岸固堤，江水碰到重物就会分流，安流顺轨稳固了大坝，这些方法大都仿照古代的遗制。水利佥事杜诗，悉心规划，从万历三年（1575）十一月开始，到第二年三月竣工，花费三百多两银子，灌溉田地周回千里。适逢郭庄返回朝廷又再次巡按四川。四川左布政使袁随，右布政使潘允，按察使刘庠，参政蔡汝贤、秦淦，副使王原相，佥事甄敬，都来观看维修成果，大家都称赞郭庄和杜诗，记录这件事的，是沔阳进士陈文烛。徐元气是宣城进士，杜诗是奚县举人。

刘之勃

　　刘之勃，字安侯，陕西凤翔人。崇祯七年进士[一]，授行人[二]，擢御史，上《节财六议》，帝纳之。十五年，出抚四川。十六年秋，汇报灾异，请缓赋省刑以弭之[三]，不用。明年正月，张献忠大破川中郡县[四]。四月，闻京都失守，人心益恟惧[五]。举人杨锵、刘道贞等，谋拥蜀王至澍监国，之勃不可，跃入池中，议乃寝。八月，贼逼成都，之勃与巡抚龙文光、建昌兵备副使刘士斗等，分陣拒守，未几城陷。之勃等被执，贼以之勃同乡，欲用。之勃劝以不杀百姓，辅立蜀世子，不从。遂大骂，贼攒箭射杀之。先是，都江堰岁久淹毁，灌、郫等七州县之民，每春初苦旱涝，之勃慨然聚监司守令而谋。或曰费不赀，惟守西道陈公毅然任焉。以壬午年良月之望鸠工[六]，癸未孟陬之杪竣事[七]，课能授餐役无厉[八]，诎楛程功器无窳[九]。费不赀，皆之勃括捐。纪其事者，武英殿大学士井研陈演也[一〇]。

〔注〕

〔一〕崇祯：明思宗的年号（1628—1644）。凡十七年。

〔二〕行人：官名，《周礼·秋官》所属有大行人、小行人，掌迎送宾客及朝觐聘问。汉朝大鸿胪属官有行人，武帝太初元年改称大行令，秩六百石，主诸郎，掌斋祠、宾赞礼仪；有丞一人，治礼郎四十七人。其后，明朝置，属行人司，掌传旨册封等事。

〔三〕省刑：指减少或减轻刑罚。

〔四〕张献忠（1606—1646）：字秉吾，号敬轩。延安柳树涧（今属陕西定边东）人。初当兵，犯法逃走。崇祯三年（1630）参加义军，自称八大王。王自用聚义军三十六营于山西，他为首领之一。八年荥阳大会，为十三家之一。会后东征，转战豫、陕、鄂、皖各地。十一年受明兵部尚书熊文灿"招抚"，驻兵谷城。次年再起。夺取四川，在成都即帝位，建大西政权，年号大顺。后与清兵战于凤凰坡，中箭被俘牺牲。

〔五〕恟（xiōng）惧：纷扰惊惧。

〔六〕良月之望：十月十五。良月，十月的代称。

〔七〕孟陬之杪：正月底。孟陬（zōu），孟春正月。正月为陬，又为孟春月，故称。

〔八〕课能：考核其才能。授餐：给以饮食。语本《诗·郑风·缁衣》："适子之馆兮，还，予授子之粲兮。"毛传："粲，餐也。"郑玄笺："我则设餐以授之，爱之，欲饮食之。"

〔九〕程功：衡量功绩，计算完成的工作量。窳（yǔ）：（事物）

恶劣，粗劣。

[一○] 武英殿大学士：官名。明朝置。掌献替可否，奉陈规诲，点检题奏，票拟批答，以平允庶政。因其授餐大内，常侍天子殿阁之下，避宰相之名，又名内阁（大学士）。

〔译　文〕

刘之勃，字安侯，陕西凤翔人。崇祯七年（1634）进士，授官行人，升任御史，上《节财六议》，皇帝采纳他的意见。崇祯十五年（1642），出任四川巡抚。十六年秋，汇报灾异，请缓赋税减轻刑罚来消除因灾造成的影响，未获批准。第二年正月，张献忠带领农民起义军攻进四川，大破川中郡县。四月，听说京城失守，人心更加嘈杂纷乱惶惶不安。举人杨镴、刘道贞等谋划拥戴蜀王朱至澍监国，刘之勃不同意，并跳入池中抗议，讨论才停止。八月，张献忠进逼成都，刘之勃与巡抚龙文光、建昌兵备副使刘士斗等，分据城楼坚守，不久城被攻陷。刘之勃等人被俘，张献忠认为刘之勃是自己同乡，想任用他。刘之勃反劝他不杀害百姓，辅立蜀太子，张献忠不听。于是刘之勃大骂，农民军以乱箭将他射杀。这之前，都江堰因长期没有维修，被洪水冲毁，灌县、郫县等七州县的百姓，每年春初都苦于旱涝，刘之勃听说后慨然聚集监司、守令等官员谋划。有人说花费会很多，经费不够，只有守西道的陈公毅然承担。在壬午年十月十五日，聚集工匠开工，第二年正月底竣工。刘之勃按照才能和贡献发给堰工工钱饭钱，工程无不优良，按照工程质量优劣来衡量功绩，没有出现豆腐渣工程。维修费用不足，都是刘之勃征集捐款来完成。记录这件事的，是武英殿大学士井研陈演。

补正人物：大　朗[1]

　　大朗和尚（1615—1685），俗名杨今玺，重庆人，明末举人，明亡后至保宁府天峰寺出家为僧。历驻梁山县双桂堂、大邑县兴化寺、什邡县慧剑堂、眉州清池寺，后应双流知县袁景先之约，驻锡双流县三圣寺。

　　大朗住双流县三圣寺时，亲见双流当地田园无水灌溉，提出在温江刘家濠开渠引金马河水灌溉农田的建议。因当时双流与新津合县，官府不予资助，于是下决心募化修堰。在募化中沿途查勘地形水势，绘出草图，征询意见，动员群众。遇到民间施钱施米，大朗都不接受，只要大家在缘簿上写上"乐施"字样，表示支持赞助修堰。如遇户主不理，就坐在其家门前几天几夜不喝不吃。这种为民修堰的行

―――――――――

　　① 　王布雷：《都江堰志》四川省地方地编撰委员会，1993 年，第 482 页。

动感动了远近乡民，积极赞助和宣传集资，直至开工。

顺治十七年（1660），大朗说服温江、新津知县，按原规划方案修堰，在金马河左岸取水，干渠穿过杨柳河与金马河之间的狭长地带，总长100多里，灌溉温江、双流、新津3县农田68000亩。工程建成后，群众感谢大朗功德，命名为"大朗堰"，一直流传至今。

大朗晚年隐居新繁县龙藏寺，寿终此寺，墓在寺的东隅。光绪四年（1878）丁宝桢任四川总督，双流知县周兆庆、温江举人李汉南、新津候选知州刘德树，联名呈报丁宝桢，请转奏朝廷，要求封赠。呈文说："去年天时亢旱，他处多歉收，独大朗堰所灌溉者一律丰收。民人既食其利，因而益念其功。"丁宝桢为此事向朝廷请旨，不久旨下，封赠大朗和尚为紫阳真人，后又加封静惠禅师。

卷下

国朝（清代）

高民瞻 程翊凤

高民瞻，满洲人。顺治十一年，任四川巡按。十五年，以都察院右副都御史巡抚四川，与监军道程翊凤协议[一]，以都江大堰，灌溉成属州县。兵燹后[二]，堰堤崩颓，通渠淤塞，欲修复而苦于资。十六年，首与文武官倡捐银二千有奇，用李冰旧制，修筑淘汰，以开民利，自是堤堰复成。

〔注〕

[一] 监军道：专职道员名。明代常因事以按察司副使或佥事监军，称为监军道，事已则罢。

[二] 燹（xiǎn）：野火。多指兵乱中纵火焚烧。

［译 文］

　　高民瞻，满洲人。顺治十一年（1654），任四川巡按。十五年（1658），以都察院右副都御史巡抚四川。高民瞻与监军道程翊凤商议，认为都江大堰，灌溉天府之国成都平原所属州县两千多年了。但是，自从经历了民末张献忠的兵灾战火以来，堰堤崩颓，渠道淤塞，现在若要修复又苦于经费不足。顺治十六年（1659），高民瞻首次倡议文武官员捐资维修都江堰，筹集到经费两千多银两。于是，沿用李冰建都江堰时留传下来的方法，进行修堤筑堰淘滩疏渠，为灌区群众开发水利。自此开始都江堰的防洪和灌溉功能得以恢复。

佟凤彩

佟凤彩，字高冈，养性从孙[一]，辽东人。其先为满洲，居佟佳，以地为氏，后隶汉军正蓝旗。凤彩由香河知县擢御史[二]，出为武昌道，历河南督粮道[三]，迁广西右布政使[四]，江西左布政使。

康熙元年，巡抚四川，修成都府城，核茶园、盐井，制战船、火器，事集而民不知役。悯都江堰工役无定程，深为民累，疏言：成都旧称沃野千里，赖都江大堰蓄泄以资灌溉。遭兵燹壅塞日久，请于近堰各州县按粮派夫，每岁农隙时，官为督率开浚。下部议行，凤彩所称，本前明卢翊旧制。卢因历年修筑，工役不均，下令以粮米三石，派夫一名，分八班，每八年一周，后竟敝而不行。凤彩虽行，不久辄废。康熙十六年，卒于河南巡抚任，谥勤僖。

[注]

[一] 养性（？—1632）：抚顺（今属辽宁）人。先世本为满洲人，姓佟佳，后经商定居抚顺。天命初年归附努尔哈赤。天聪时初置汉军，为昂邦章京，总理汉人军民诸政。监制大炮数十，为满洲有炮之始。从攻大凌河城、广宁有功。天聪六年七月卒。后追谥勤惠。

[二] 香河：辽置，属析津府。治所即今河北香河县。因香河水而名。

[三] 督粮道：官名。简称粮道。明朝各省皆设此官，以布政司参政参议任之。掌管漕粮运输。清朝废参政参议，在有漕粮的各省设督粮道专官，专管漕粮运输，有的管一省，有的管两省。

[四] 布政使：官名。明洪武九年（1376）撤销行中书省，分全国为十三承宣布政使司，每司设左、右布政使各一人，为一省最高行政长官。后又设总督、巡抚，布政使的职权渐轻。清朝定为总督、巡抚的属官，只管全省的财赋和人事，与专管"刑名"的按察使并称两司，为从二品。康熙年间，又改前制，每省只设布政使一人，不分左右。

[译 文]

佟凤彩，字高冈，佟养性从孙，辽东人，其先祖为满洲人，居住在佟佳，以地为氏，后隶属于汉军正蓝旗。佟凤彩由香河知县擢升为御史，出任武昌道，历任河南督粮道、广西右布政使、江西左布政使。

康熙元年（1662），出任四川巡抚。四川经历张献忠战乱，城邑残破，百废待兴。佟凤彩到任后组织修缮因战而损毁的成都府城，核实茶园、盐井数量（以开税源）。制造战船和火器加强防御，这些事情都完成了，却没有增加民众的负担。佟凤彩调查了解到都江堰需要开展岁修以维持正常运转，但岁修工程没有规定的制度，是老百姓的巨大负担。于是向皇帝上书说：成都自古就称为天府之国，沃野千里，全靠都江大堰的泄洪和蓄水以保安全和引水以资灌溉的结果。明末以来多次遭到兵灾战火的破坏，渠道壅塞多年，建议在都江堰灌区各州县按产粮多少派出夫役，于每年农闲时节，由官府督促率领民工开展岁修清淘工作。皇帝于是将佟凤彩的上书交给相关部门讨论，佟凤彩的建议，本来是清朝以前明代水利佥事卢翊时的旧制。卢翊在历年岁修工程中，因为工役分配不均，下令以每产粮米三石，派出岁修堰工一名，分为八班，每八年轮一回。后来竟然因为出现弊端而没有执行下去。佟凤彩勉强得以推行，但终未能延续下去。康熙十六年（1667），佟凤彩死于河南巡抚任上，谥勤僖。

王骘

　　王骘，山东福山人。顺治十三年进士，授户部主事，迁员外郎。康熙十九年，由刑部郎中授四川松威道[一]，管运军饷。蜀中甫定[二]，广为招徕[三]。又筑都江堰堤，以溥水利。川省例供楠木，骘疏请停止，士民咸颂之。俄调任直隶口北道[四]，官至户部尚书，原品休致[五]。三十四年，卒。

〔注〕

　　[一]刑部郎中：官名。为刑部尚书属官，唐、五代、宋、金、元皆置，明称十三清吏司郎中，清称刑部十八司郎中。唐代刑部郎中掌律法、按覆大理及天下奏谳，为尚书、侍郎之贰。其后各代所掌，大体相同。松威道：康熙八年（1669）置松威道，治松潘卫。领府

二：成都、龙安。卫一：松潘（康熙《四川总志》卷三五）。二十五年四月戊寅（1726年1月17日）更道名为松茂道（《圣祖实录》卷一二五）。

　　[二] 甫：刚刚，才。

　　[三] 招徕：招纳、收罗。

　　[四] 口北道：清康熙元年（1662）裁怀隆道置。治宣府镇（三十二年改为宣化府，治今河北宣化县）。辖境约当今河北省西北部内外长城之间地区。

　　[五] 休致：官吏年老去职。

[译　文]

　　王骘，山东福山人。顺治十三年（1656）进士，授户部主事，后转任员外郎。康熙十九年（1680）由刑部郎中任职四川松威道（领成都府、龙安府、松潘卫），负责军队粮饷运输。当时蜀乱方定，王骘设法安抚流民。又修筑都江堰以发展水利。四川省向来为宫廷进贡楠木，王骘上书请求停止进贡，百姓都称赞他。不久调任直隶口北道，官至户部尚书，以户部尚书职务退休。康熙三十四年（1695）去世。

[补　正] 据《清史稿》记载

　　康熙十九年（1680），王骘任四川松威道，负责军队粮饷运输。

当时正值朝廷平定以吴三桂为首的"三藩之乱"的战争处于收尾阶段，吴三桂与清军在四川曾激战数年，吴军败走四川不久，战乱中的四川人民深受其害，人口锐减，百废待兴。在此背景下，王骘广为招揽安抚流民。王骘了解到都江堰水利工程年久失修。于是，大量组织人马、筹集资金修筑都江堰渠首及河道工程，恢复水利灌溉，发展蜀地经济。

四川多年来一直给朝廷供应楠木，用于宫殿的修建。康熙二十四年（1685），康熙皇帝打算重修毁于大火的太和殿，这项建设工程十分浩大，计划从四川调运楠木两千六百六十三根。为此，还准备抽调四川五千名壮劳力进行砍伐运输。文书传到王骘手中，他心里极力反对。作为一位在四川工作五年之久负责军粮运输的地方官，王骘深知四川战乱方休，人丁稀少。而四川到北京路途遥远，加之山川险阻，运送楠木隐藏着巨大的困难和风险。于是给朝廷上了一道奏折，在奏折中陈述道："四川大半环山巉岩，唯成都稍平衍。巨材所生，必于深林穷壑，人迹罕到，斧斤难施，所以久存。民夫入山采木，足胝履穿，攀藤侧立，施工既难；而运路自山抵江，或百余里，或七八十里，深涧急滩，溪流纡折，经时历月，始至其地。木在溪间，必待暴水而出，故陆运必于春冬，水运必于夏秋，非可一径而行，计日而至，其艰如此。且四川祸变相踵，荒烟百里。臣当年运粮行间，满目疮痍。自（三藩）荡平以后，休养生息。然计通省户口，仍不过一万八千余丁，不及他省一县之众。就中抽拨五千入山采木，衣粮器具，盈千累百，遣发民夫，远至千里，近亦数百里，耕作全废，国赋何征？请敕下抚臣，亲诣采楠处察勘，量材取用，其必不能采运者，奏请上裁。"

　　康熙看到王骘的这道奏折后，大受震动。他没想到运输楠木会有这么多问题，更没想到号称"天府之国"的四川人口竟然下降到如此惊人的地步。同时，体察民情的王骘也在皇帝心中留下深刻印象。于是回复道："四川屡经兵火，困苦已极，采木累民。塞外松木，取充殿材，足支数百年，何必楠木？令免采运。"就这样，从四川运输楠木一事也就停止了。当四川老百姓知道是王骘的折子让他们免于运输楠木之苦后，都感念他的恩德。

　　不久，王骘被授予光禄寺少卿，累迁太常寺卿。康熙二十六年（1687）调任江西总督，次年，又擢升闽浙总督，后拜为户部尚书。康熙三十三年（1694），王骘以户部尚书职务退休。第二年卒于家中。

杭 爱 刘显第 胡升猷 刘用瑞 钟 声

　　杭爱，姓章佳氏，先隶满洲正黄旗，改隶镶白旗。顺治时，由礼部笔帖式累迁吏部郎中[一]。康熙十三年，以陕西巡抚督运粮饷。二十年，调抚四川，慰抚夔州诸路，以安反侧[二]，弁兵有强占民田者[三]，辄罪之。问民疾苦，首以都江堰为急务。檄藩司刘显第、臬司胡升猷商度[四]，俱有同心。是岁孟春，发帑金四百[五]，遴委通判刘用瑞、游击钟声[六]，往求离堆古迹而疏浚之。比至，果于榛莽中得旧渠[七]，此所以事半功倍也。二十二年，卒官，谥勤襄。

　　刘显第，辽阳东宁卫贡生[八]。胡升猷，浙江山阴人，顺治四年进士，官至左副都御史。

　　按，杭爱，《灌志》有误作"杭受"者，今据《通志》更正。

220

〔注〕

〔一〕笔帖式：官名。掌管翻译章奏文籍等事。此名蒙语为"必阇亦"，满语为"巴克什"。清朝入关后汉语译为"笔帖式"。起初是文职官员的赐名，到康熙年间，各部、院衙门都设笔帖式，有翻译、缮本、贴写等名目，掌管满汉章奏文籍等事，其品级有七品、八品和九品。笔贴式是音译，其义译是"文书官"。吏部郎中：官名。为吏部官员，掌文官阶品等。

〔二〕反侧：反复无常。

〔三〕弁兵：清代低级武官及兵丁的总称。

〔四〕藩司：官名。明清时布政使的别称，主管一省民政与财务的官员。臬（niè）司：即元之"肃政廉访使"，明清之"按察使"，掌刑名按劾之事。

〔五〕帑（tǎng）金：钱币，多指国库所藏。

〔六〕遴（lín）委：挑选委派。通判：官名。宋初置，与知府知州共理政事，知府公事，并须长史、通判签议连书，方许下行。凡兵民、钱谷、户口、赋役、狱讼听断等事，可否定裁决，与守通签，所属官吏有善否修废，得刺举以闻。辽金元不设。明代府设通判，分掌粮运、督捕、水利等事务。清代沿置，府称通判，州称州判。游击：官名。清代巡捕五营。副将、参将之下有游击，每营五人。为领兵官。提督之下属官员中有游击，位在参将之下，初为正三品，后改为从三品，掌防汛军政，充任镇中军官。

〔七〕榛莽：杂乱丛生的草木。

[八] 东宁卫：明洪武十九年（1386）改东宁等千户所置，属辽东都司。治所在今辽宁辽阳市老城。明末废。

[译 文]

杭爱，姓章佳，最早是隶属满洲正黄旗，后改隶镶白旗。顺治时，杭爱初授礼部笔帖式，后迁任吏部郎中。康熙十三年（1674），以陕西巡抚之职，负责督运粮饷。康熙二十年（1681），杭爱调任四川巡抚。当时，正值"三藩之乱"①，叛将谭弘以万县为据点，组织叛乱，杭爱受命慰抚夔州各路，以防止反叛。他规定，但凡有清兵强占民田、索取钱财者，一律不予姑息，坚决从严治罪。杭爱查访了解群众疾苦，认为维修都江堰为当前第一要务。于是，发文给藩司刘显第和臬司胡升猷进行商议。他们都能体恤民众疾苦，达成治蜀先治水的共识。这年的正月，划拨库银四百两银，挑选委派通判刘用瑞、游击钟声，往返于离堆古迹调查研究，以便能拿出切实方案疏通河道。后来果然在乱石榛莽中找到原来的旧渠，从旧渠开始疏通效果事半功倍。康熙二十二年（1683），杭爱在四川巡抚位置上因病去世，谥勤襄。

刘显第，是辽阳东宁卫贡生。胡升猷，是浙江山阴人，顺治四年

---

① 三藩：指清初吴三桂、耿精忠、尚可喜三位藩王所辖藩镇。康熙十二年（1673）十一月二十一吴三桂起兵叛乱，耿精忠、尚可喜响应。四川的几个土司、苗民、察哈尔蒙古布尔尼、青海墨尔根台吉等少数民族也相继响应。至康熙二十年（1681）十月二十九吴三桂之孙吴世璠自杀，清军进入昆明，三藩之乱平定，历时八年。

（1647）考取进士，官至左副都御史。

按，杭爱，《灌县志》有误，记作"杭受"，今根据《四川通志》更正。

高荫爵

　　高荫爵，字澹庵，铁岭镶白旗人。由荫生历任四川松茂道按察司佥事。康熙四十五年，疏浚都江堰水利，转运黄胜关粮储[一]，署布、按两司事。绥怀有术[二]，讼狱无冤，民兵交感。后转直隶口北道。兄天爵，子其倬，侄其佩，俱显于时。

〔注〕

　　[一] 黄胜关：清置，属松潘厅。在今四川松潘西北七十里。《清一统志·松潘厅》：黄胜关"在厅西北。漳腊营西北四十里，关外即西夷地。大江由此流入。今有官兵戍守"。

　　[二] 绥（suí）怀：安抚关切。《三国志·魏志·杜袭传》："太祖还，拜袭驸马都尉，留督汉中军事。绥怀开导，百姓自乐出徙洛邺

者，八万余口。"

〔译 文〕

高荫爵，字澹庵，奉天铁岭人，隶属汉军镶白旗。因祖上有功勋而入仕为官，任四川松茂道按察司佥事。康熙四十五年（1706），他修整疏通岷江河道，砌筑都江堰内外江堤岸，为都江堰灌区的农业发展提供了保障，保证了丰收的粮食转运储存到黄胜关。其后署理布政司、按察司两司事。高荫爵体恤民情，安抚百姓，处理诉讼明察秋毫，公道无私，受到民众和官兵爱戴。后来，高荫爵升任直隶口北道道台，在任上因病去世。他的兄弟高天爵，儿子高其倬，侄子高其佩，在当时都入仕为官且很有名望。

补正人物：王来通①

王来通（1720—1779），清雍正、乾隆年间灌县二王庙道士，一生热心水利及公益事业。在任二王庙住持的 40 余年间，积极新修水利，植树造林，修建庙宇，为社会办了不少好事。

乾隆十九年（1754），王来通率领人员查勘地形，在横山寺凿岩开渠，引水灌溉，当地人称长流堰。乾隆二十三年至二十九年（1758—1764）又续开饮水渠至太平场长生宫，称同流堰。两地修堰灌田不下万亩。

为纪念李冰父子所建的二王庙位于都江堰渠首左岸。由于王来通长期担任二王庙住持，对都江堰的治理、发展和水利科学技术十分了解，自乾隆初年起，约请王廷珏等人协助编纂都江堰文献资料，汇编

---

① 王布雷：《都江堰志》四川省地方地编撰委员会，1993 年，第 484 页。

成书，称《灌江备考》。乾隆二十六年（1761）王来通已是花甲之年，再次将该书内容进行补纂名《灌江定考》，并请成都候补知府兼彭县知县李演撰序。李称赞王来通，行年六十，"既恒心于庙，复潜心于水，曾不知老之将至"。在《灌将定考》中，增补了元代揭傒斯《蜀堰碑》、清硕色奏折、陈演《大修都江堰纪》，以及二王灵异记载，还有李冰父子祭文和二王庙事务的碑记等。此外，王来通还撰写了《做鱼嘴活套法》等技术书籍。

能 泰

　　能泰，满洲镶白旗荫生，姓氏无考。康熙四十三年，以都察院右都御史巡抚四川[一]。越三年丙戌，夏五月淫雨，人字堤、三泊洞、府河口尽被冲决，诸邑沿河之城郭、庐舍、田亩漂没者，以灾告。能泰捐资抚恤，继又为一劳永逸之计。冬十月，躬行相度，计程三百里，不惮劳瘁。及返，与僚属商榷，某某处当修与当浚者，咸如指掌。辄首先割俸，藩臬道府十一州县之用水者皆与焉。乃遴委别驾、标员[二]，协力鸠工。至次年春仲，凡三阅月，筑人字堤三十八丈，高八尺。又于府河口、三泊洞筑新堤，长八十三丈，高八尺，厚五丈，支分条析，水得复循故道，时称为太平堤。朱载震为之记[三]。

〔注〕

〔一〕督察院：官署名。明洪武十三年（1380）改御史台为都察院，负责对官吏进行监察弹劾，也可对政务进行评论，对君主进行规谏等。清沿明制，都察院下有吏、户、礼、兵、刑、工六科给事中京畿、河南等十五道监察御史。

〔二〕别驾：别驾从事史，官名，亦称别驾从事，简称"别驾"。标：总督、巡抚、提督等称归自己管辖的军队。

〔三〕朱载震（？—1707）：清湖北潜江人，字悔人。康熙十九年（1680）拔贡，国子监正黄旗教习，康熙四十一年（1701）知石泉县（今四川北川羌族自治县），康熙四十六年（1706）署牧泸州，卒于任。著有《东浦集》。

〔译 文〕

能泰，满洲镶白旗人，因祖上功勋而入仕为官，姓氏无法考证。康熙四十三年（1704），能泰以都察院右都御史之职任四川巡抚，第三年夏天五月大雨连绵，岷江洪水暴涨，都江堰人字堤、三泊洞和成都府河入水口等悉数被冲决。都江堰流经各地的城郭、房屋、田舍等被淹没的，纷纷向省府报告灾情。能泰一方面组织官员乡绅捐资，用于抚恤灾民，同时又规划一劳永逸之计。这年冬十月间，能泰亲自到都江堰沿河查看实情，调查研究，巡视里程达三百里，不辞劳苦。返回后，马上召集僚属讨论商榷治水之策，哪里应该挖深，哪里应该疏通，哪里应该砌筑，能泰都了如指掌。他率先带头捐出自己的俸禄，藩司、臬司、道员、成都府以及都江堰灌区用水十一州县的官员们都纷纷效仿，捐出俸禄。于是挑选委派别驾从事史和自己管辖的军队官员协力监工，到第二年二月，用了三个多月的时间，筑人字堤三十八丈，高八尺，又在府河口、三泊洞筑新堤，长八十三丈，高八尺，厚五丈，条理清晰，岷江水得以回归原来的河道，被称为太平堤。朱载震在《记》中记录了这件事。

宪 德

宪德，姓西鲁特，蒙古正白旗人。雍正五年，以都察院右副都御史巡抚四川，先后奏设改定道、府、州、县治，编保甲[一]，给无著地亩，令民开垦。以一夫一妇为一户，户给水田三十亩，兄弟子姓成丁者，给水田十五亩，或旱地二十五亩，分年升科[二]。均得请。川民不知亩法，向以块计。故都江堰功，按田派夫，或照粮派，俱不免畸重畸轻。康熙四十八年，易派夫为折银，每名银一两，得水各州县，照折有差，总计九县应派之夫，共八百八十三名，所折银数如之。

雍正五年，人字堤冲决壅塞，岁修之费，陡增至一千二百有奇。于是照夫折银之例，又变为计亩摊派之举。因缘为奸者有之[三]，宪德先行请丈。事竣，题请用水州县，区别旱迟多寡，计亩均摊，派银一千二百八十二两二钱二分九厘，每岁征收完解。以成都同知为水利同知，管辖其事，民称便利焉，官至工部尚书^[四]。

〔注〕

　　〔一〕保甲：宋代王安石始创的一种户籍编制制度。若干家编作一甲，设甲长；若干甲编作一保，设保长（沿用至中华人民共和国成立前）。

　　〔二〕升科：明清定制谓开垦荒地，满规定年限（水田六年，旱田十年）后，就按照普通田地收税条例征收钱粮。科，科税。

　　〔三〕因缘：产生结果的直接原因和辅助促成其结果的条件。

　　〔四〕工部尚书：官名。隋始设工部尚书，掌管工程建筑，为工部长官。

〔译　文〕

　　宪德，姓西鲁特氏，蒙古正白旗人。雍正五年（1727），以都察院右副都御史任四川巡抚。宪德先后向皇帝上奏，改道、府、州、县行政体制，编保甲，给无田无地的百姓分田地，令民开垦，以一夫一妻为一户，一户给水田三十亩，兄弟儿子成年的，给水田十五亩或旱地二十五亩，逐年提升税额。这些请示都得到皇帝的认可。此前川民不知道计算田地面积，向来以块计数。所以都江堰岁修工程，不管是按田派夫，还是按粮食产量派夫，都难免轻重不均。自康熙四十八年（1709）起，改派夫役为折合银两计算，每个夫役交银一两。根据用水多少差异，各州县照此折算银两数，总计九县应派民夫共八百八十三名，所折银两如此推算。

雍正五年（1727），都江堰人字堤冲决，造成内江河道壅塞，岁修的花费突然增至白银一千二百多两，于是宪德将照夫折银之例，又改为计亩摊派。由于以前在丈量土地时，总有奸滑之人作弊，造成账实不符。此次调整前先行重新丈量。丈量土地之事完成后，由用水各州县，根据得水早迟多寡，计亩均摊，派银一千二百八十二两二钱二分九厘。依照此法，每年都顺利完成征收。此后，宪德以成都同知兼任水利同知，专管都江堰岁修和费用征收等事，老百姓都觉得方便。随后，宪德被召还京，授工部尚书。

硕 色

　　硕色，姓乌雅，满洲正黄旗人。乾隆二年，巡抚四川，以果罗克番人频年结队行劫，请于附近协标内派弁兵驻扎弹压，部议从之。四年调山东，五年复抚川。

　　先是，奉上谕运河堤岸、闸坝等工程，俱动正项银粮应用[一]。其从前捐输各项，自乾隆元年为始，一概革除，于是都江堰所有各州县计亩均摊银两皆免。然石牛、黑石诸堰，在都江堰上游，前此漏未报闻。硕色于乾隆六年特为申请，归入都江堰岁修工程，一并估支公项，恳免粮民历年派捐银两，政自此益平且厚矣。二十四年，卒于湖广总督任，谥恭勤。

〔注〕

〔一〕正项：正税。《清会典事例》卷二六六《户部》："朕巡幸五台，一切供应，皆动支正项，惟是安营除道，未免有资民力。"

〔译 文〕

硕色，乌雅氏，满洲正黄旗人。乾隆二年（1737），担任四川巡抚。当时，以果罗克为首的少数民族经常结伙持械沿途劫掠，扰乱百姓生活。硕色请示就近派遣军队常驻镇压。经兵部议定，都赞同硕色的提议，随即出兵震慑。乾隆四年（1739），硕色调往山东任巡抚。一年后，再任四川巡抚。

以前，皇帝曾下旨，运河堤岸、闸坝等水利工程的维修经费，统一由政府国库内划拨。从前的摊派，自乾隆元年（1736）起一概革除。于是，都江堰灌区所有各州县的计亩均摊银两全部免除。但是，都江堰的石牛堰、黑石河等在都江堰上游起水的外江灌区，之前遗漏未报，其维修费用仍然由灌区百姓分担。硕色于乾隆六年（1741）专门上奏皇帝，将遗漏河流的详实情况上报，请求将其列入都江堰岁修工程，一并由国库拨付，并免去历年派捐的银两。请求得以批准实施。这项政策的落实既公平合理，又能体现皇帝恩泽。乾隆二十四年（1760），硕色卒于湖广总督任上，谥号恭勤。

姚令仪

　　姚令仪，字心嘉，又字一如，江苏娄县人。乾隆四十二年拔贡[一]，以知县发云南，后随福康安入蜀[二]，留川补官[三]。署犍为县事[四]，雅州水决，浮尸蔽江，令仪悉收掩之。补仁寿县知县[五]，以军功历升知府，擢盐茶道，迁按察使。嘉庆十二年，升布政使，以劳疾卒官。在川三十年，谙于利病[六]。在成都府盐茶道任，修葺江堰，清厘盐课[七]，人多称之。

　　按，《灌志》称"乾隆十二年，布政使姚令仪修都江堰"，误。

〔注〕

　　[一] 拔贡：选举名目。明朝泛指增拔贡生之制。清初定为五贡之一，每六年一次，乾隆七年（1742）改十二年一举。每次选府学

二名，州、县学各一人，由各学政经考选保送入京，经朝考合格者，分别派充京官、知县或教职。

[二] 福康安（？—1796）：字瑶林。姓富察。满洲镶黄旗人。大学士傅恒之子。初袭云骑尉世职，为侍卫。历官至尚书，任经工、兵、户、吏诸部，武英殿大学士。领侍卫内大臣，御前大臣。出任总督，历云贵、四川、陕甘、闽浙、两广各处。乾隆中，先后率师征讨金川土司叛乱；平定廓尔喀入侵西藏；镇压西北回民起义、台湾林爽文起义、湘黔地区苗民起义。极为乾隆皇帝重用，军前历任领队大臣、参赞大臣、将军。累进封为贝子。嘉庆元年（1796）卒于军。加郡王衔，谥文襄。

[三] 补官：补授官职。

[四] 犍为县：隋开皇三年（583）改武阳县置，属戎州。治所在今四川犍为东南十五里岷江东岸。《旧唐书·地理志》犍为县："因（犍为）山立名。"

[五] 仁寿县：隋开皇十八年（598）改普宁县置，为陵州治。治所在今四川仁寿县东二里。明曹学佺《蜀中广记》卷五一：仁寿县"从文帝年号"。一说以仁寿宫为名。

[六] 谙（ān）：熟悉，精通。

[七] 清厘：清查，清理。

[译　文]

姚令仪（1754—1809），字心嘉，又字一如，江苏娄县（今江苏昆山）人。乾隆四十二年（1777），姚令仪经拔贡，派往云南禄丰任知县。后随福康安入四川，作为候补，后任犍为知县。当年犍为遭遇雅州水决，整个雅砻江全是浮尸。姚令仪派人悉数打捞起来，集中到一起掩埋，让死者入土为安。后来姚令仪又补授仁寿知县，再以军功升任知府，擢升盐茶道，迁任按察使。嘉庆十二年（1807），升任四川省布政使，终因操劳过度而染病，死于布政使任上。姚令仪在川三十年，擅长趋利避害。在成都府盐茶道任职时，组织对都江堰水利工程进行修缮，整顿清理盐业上的积病，姚令仪的这些政绩颇得人心，老百姓们都称颂他。

按：《灌县志》称"乾隆十二年，布政使姚令仪修都江堰"的记载有误。

黄廷桂　张兑　林鸿　王承燨　艾文星
张全信　王天舜　刘玉相

黄廷桂，字丹崖，汉军镶红旗人。父秉中，官福建巡抚。廷桂由监生袭曾祖宪章所遗云骑尉世职[一]，迁三等侍卫。雍正五年，任四川提督。九年，增设四川总督，以廷桂补授，兼管提督事。乾隆五年，调任。十八年，复督川。前后留川二十年，体国奉公，不遗余力，兴文学，重农桑，修桥梁，除凶暴，事多可纪。尤殚心水利，奏饬通省仿都江堰法勘修塘堰，引灌山田。于是彭山、灌县、新都、芦山等十州县，及青神县之莲花坝，乐山县之平江乡，悉成腴壤。彭山已废之通济堰，乃其所自修者。自新津修觉寺余波桥起，至彭山回龙寺下智远渠止，共七筒，引渠溉新津田三千五百余亩，彭山田一万三千余亩。凡诸筹划，及边境军备，无不精妥。寻调陕甘总督，封三等忠勤伯，卒谥文襄，祀贤良祠。

按，《灌县志》，长流堰下注："乾隆十九年，督部院黄廷彩奉上谕设法取水，晓谕各属，改旱成田"云云。然查川督无黄廷彩之名，惟《通志·政绩》及堤堰各门，称是年督院黄廷桂，有奏兴水利事，与《灌志》合，则廷彩当是廷桂之讹，今据《通志》改正。

张兑，乾隆十八年知眉州事，同彭山令张凤翥，复引灌县小海子水入旧堰，开浚智远渠下古沟八十余里，凿翻水口分支入眉，共复彭山古渠二十八，灌田二万九千二百一十二亩；眉州古堰十四，灌田二万九千二百七十四亩。合新津共灌溉田七万三千一百十六亩。

州属彭山县通济堰，经黄廷桂饬所司疏浚后，兑复详议善后事宜：一堰头宜防水涨冲决；一宣泄宜量水势；一新定筒口，宜定分寸以杜纷争；一均派修费，宜酌定章程；一每岁修护工费，宜分别有则；一沿沟堤埂吃要之处，宜加用石工；一安设筒车，宜酌量地势。凡七条，详见《通志》。

林鸿，福建浦城进士。乾隆十五年，任青神县。十九年，黄廷桂檄兴水利，遂修鸿化故堰，统计用水田亩，分上中下三等派费。又于邑南莲花坝修曾兴堰，通详修筑，经营八载，惨淡匠心。缘二堰沟身太高，堰头不得地利，农民苦之。二十六年调灌县。

王承燨，广东番禺人。乾隆二十六年，任青神县，以前令堰功未尽善，乃相度地形，吁禀制府，檄委本州率同确勘，改修二堰堰头，淘挖堰沟，以宽深为度，坚砌鱼嘴，拦水入堰，始畅流焉。计鸿化堰灌田七千六百四十亩，曾兴堰灌田六千亩。

艾文星、张全信、王天舜、刘玉相，皆灌县人也。承制府通谕修水利[二]，各倡捐银五百两。相其地势，由沙沟河西岸开沟，环山凿渠，琢石计数百丈，通正水道，更横截石定江，以渡堰水。越七年堰成，溉田万余亩。

〔注〕

　　〔一〕监生：指在国子监就读之学生，为入仕途径之一。云骑尉：官名。隋为武散官。唐代为勋官，视正七品。宋沿唐制，为勋官十二级中后数第二级。其后历代多相沿，清代云骑尉内正五品，用来封功臣及外戚。

　　〔二〕制府：清朝总督之别称。

〔译　文〕

　　黄廷桂，字丹崖，汉军镶红旗人，其父黄秉中，任福建巡抚。黄廷桂由监生世袭曾祖黄宪章所获云骑尉世职，升迁三等侍卫。雍正五年（1727），任四川提督。九年（1731），皇帝命令增设四川总督职位，以黄廷桂补授总督兼任提督。乾隆五年（1740），调离。乾隆十八年（1753），复任四川总督。前后在四川任职二十年，他为国家着想一心奉公，做事不遗余力，振兴文学，重视农桑，修筑桥梁，除暴安良等，有很多事可载入史册。尤其殚心竭虑于水利建设，向皇帝进言让全省仿照都江堰治水之法勘测修建蓄水塘堰，引水灌溉山区田地，使彭山、灌县、新都、芦山等十个州县，以及青神县的莲花坝，乐山县的平江乡，都成为膏腴之地。彭山已废毁的通济堰，就是其时所修。自新津修觉寺余波桥起，至彭山回龙寺下智远渠止，共设七道引水槽，引水灌溉新津县水田三千五百多亩，彭山县水田一万三千多亩。凡是各种规划，以及边境的军备等，每项都经过精心妥帖的策划安排。后调任陕甘总督，封三等忠勤伯。去世后谥号文襄，列祀文庙贤良名宦祠。

按：《灌县志》所载长流堰下注："乾隆十九年（1754），督部院黄廷彩奉上谕设法取水，晓谕各属，改旱成田"之说。然而，查川督无黄廷彩之名，只有《四川通志·政绩》以及堤堰各门称这年督院"黄廷桂"，有奏请兴修水利之事，与《灌县志》所载相合。可见"黄廷彩"应当是"黄廷桂"之误，今据《四川通志》更正。

张兑，乾隆十八年（1753）任眉州知事。会同彭山县令张凤翥，再次引灌县小海子水渠的水进入原有堰口，疏通智远渠以下沟渠八十余里，开凿翻水口分支进入眉州。总共恢复彭山旧渠二十八条，灌溉水田二万九千二百一十二亩；眉州旧堰渠十四条，灌溉水田二万九千二百七十四亩。合并新津共灌溉水田七万三千一百一十六亩。

州属彭山县的通济堰，经过黄廷桂命令所管辖的水务司疏通开挖后，张兑又和张凤翥详细讨论制订善后事宜：一是堰头的设置应当防范洪水暴涨时被冲决；二是泄洪时应当要测量水势；三是新增的引水筒口要确定好尺寸，以杜绝用水纷争；四是均摊维修费用要制定章程；五是每年维护堤堰的工费，要根据情况分别制定规则；六是在沿沟堤埂关键之处，要多用石砌堤堰工程；七是安设"水转筒车"要酌情量度，根据地势安设。共七条，详见《四川通志》。

林鸿，福建浦城进士。乾隆十五年（1750），任青神县令。乾隆十九年（1754），黄廷桂发文兴修水利。于是组织维修鸿化旧堰，全

部用水田亩，分成上中下三等摊派水费。又在县城以南莲花坝修了曾
兴堰。逐级向上汇报修筑情况，前后苦心经营八年，非常不容易。因
为两条堰渠都沟身太高，堰头引水困难不能充分发挥利用，农民用水
困难。乾隆二十六年（1760），调灌县任职。

王承燨，广东番禺人。乾隆二十六年，任青神县令。因前任县令
水利工程不够完善，于是王承燨带人测量地形，呈请总督府，发文委
派相关州县共同勘察地形水势，改修两条水渠进水堰头，淘挖沟渠，
加宽加深至适合的尺度，砌筑和坚固鱼嘴，拦水流进堰头，渠水得以
畅通无阻。鸿化堰灌溉水田共七千六百四十亩，曾兴堰灌溉水田六
千亩。

艾文星、张全信、王天舜、刘玉相，都是灌县人，积极响应总督
府兴修水利的号召，各自倡捐白银五百两。根据地势，由沙沟河西岸
开沟，环山凿渠，开凿岩石共计数百丈，疏通修正水道。还横穿石定
江渡过堰水。经过七年多的建设，环山渠建成，灌溉良田上万亩。

张凤翥

张凤翥，浙江上虞进士。乾隆十六年，任彭山县。三十五年，谂仁寿县顺和乡古佛洞前，锦江水势稍高，可筑堰口，引水入沟，分溉华阳、仁寿、彭山三县之田，乃会华阳、仁寿二县，勘明详定。而古佛洞堰口，土松易坏，署仁寿令南日廷，请自洞上游里许鸡公坝开筑。然巉岩绵四百余丈[一]，凿之匪易，而对岸南河之水，直冲堰口，堤将不固，乃议自洞之野桂坝开筑。三十八年十月兴工，明年三月工竣，终以水低堰高为病。乃改修洞之上流二里许，自罗家林堰口起，至彭山县之江口为堰尾，计长八十余里，灌三县之田一万四百亩。议定章程，凿石洞三十三处，每田千亩，给筒口三寸五分。仍分上中下三则，自堰口至丰泽洞为上则，自仁谊筒为中则，自清良筒至堰尾为下则。因其则以定经费，每亩岁派上则银一分五厘，中则一分，下则五厘。如遇大修之年，每亩派上则银二分五厘，中则二分，下则五厘。岁修有赢余，留以待来年之用。三县各设堰长一人，专驻堰头，即以古佛名其堰，他渠多称张公渠。

〔注〕

　　[一] 巉（chán）岩：险峻的山石。

〔译　文〕

　　张凤翥（zhù），浙江上虞进士。乾隆十六年（1751）任彭山县知县。乾隆三十五年（1770），知悉仁寿县顺和乡古佛洞前的锦江水所处地势较高，可以修筑取水的堰口，引水入沟后可分别灌溉华阳、仁寿、彭山三县的田亩，于是召集华阳、仁寿二县，一起勘察明白，详细测定。张凤翥了解到古佛洞堰口，由于土壤疏松容易被冲坏，仁寿县令南日廷认为可以从古佛洞上游一里左右的鸡公坝修筑取水堰口。但是险峻陡峭的山岩绵延四百余丈，开凿起来非常困难，并且对岸南河的河水，直冲取水堰口，受到冲击的堤坝也无法稳固，于是商议自古佛洞附近的野桂坝开堰口引水。乾隆三十八年（1773）十月水利工程开工，第二年三月竣工，建成后发现存在水低堰高的问题，达不到理想的引水效果。于是改在古佛洞上游二里处的罗家林堰口引水，水渠至彭山县之江口为堰尾汇入岷江，共计长八十余里，灌溉三县水田一万零四百亩田。三县共同议定了堤堰管理和用水章程，开凿石洞三十三处，每处灌溉水田约千亩，开筒口三寸五分。水费收取仍

分为上中下三则，自取水堰口至丰泽洞为上则，自仁谊筒为中则，自
清良筒至渠尾为下则。根据所处水则确定水费标准，每亩每年派上则
灌区银一分五厘，中则一分，下则五厘。如遇大修之年，每亩派上则
灌区银二分五厘，中则二分，下则五厘。岁修后如有积余，留待来年
岁修用。三县各设堰长一人，专门驻扎于堰头。将取水堰口命名
为"古佛堰"，这条灌渠人们都称之为"张公渠"。

滕兆荣　汪松承

　　滕兆荣，关东人^[一]，隶正白旗汉军。乾隆二十八年，知灌县事。汪松承，安徽休宁荫生。乾隆三十年，任水利同知，以离堆水则，年深剥落，其六画高低，难以的认，间遇山水暴涨，丈尺茫然，议新之。伐石较准，镌为十画，立于古水则旁，以便览者知水之消长焉。又以都江堰河底有卧铁一条，志淘滩之规则^[二]，每岁安放无定，乃添置丁字铁桩一，铁柱一，至次年丙戌淘挖，依然不识向趾。乃加长链缚铁桩，使无移动，竖石北山凤栖窝为标记，按丈尺了然矣。

〔注〕

　　[一] 关东：秦、汉、唐等定都今陕西的王朝，称函谷关或潼关以东地区为关东。《史记·秦始皇本纪》：三十六年（前211）"秋，

使者从关东夜过华阴平舒道，有人持璧遮使者曰："为吾遗滈池君。'"

〔二〕志：记。

〔译 文〕

滕兆榮，关东人，隶属正白旗汉军。乾隆二十八年（1763），任灌县知事。汪松承，安徽休宁人，因先世有功勋而入仕为官。乾隆三十年（1765），任成都水利同知。由于离堆处设置的用于测量水位的水则，因年深久远岩石剥落，其刻度的六划标示的水位高低已难以确认，偶然遇到山洪暴涨，更加无法辨识水位。滕兆榮、汪松承两位官员商讨后计划更换一个新的刻度尺，经校准后，镌刻为十画，立于原来的水则旁，以便观察者知晓水位涨消情况。又因前人治水时，在都江堰内江河底放有卧铁一条，作为淘滩深度的依据。但每年安放的位置始终无法固定。于是，滕兆榮、汪松承在江中增加放置了丁字铁桩一根，铁柱一根。至第二年淘挖时，依然找不到铁桩铁柱的位置。于是，增加长铁链缚住铁桩，使其无法移动，并立一块巨石在北山凤栖窝下作为标记，按二者的相对距离去寻找，一目了然。

林儁

　　林儁，字西岩，本江苏人，后隶顺天大兴籍[一]。乾隆二十五年举人，由内江知县调成都，从征金川叙劳，历升盐茶道。富顺、射洪诸县负帑银二十余万[二]，儁为设法悉完。历岁修都江各堰，通济农田。或雨泽愆期[三]，躬亲步祷灌县二王庙[四]，辄有应。官盐茶道十八年，前后署按察使事十三次，以从征黔楚逆苗功授按察使。嘉庆二年，擢布政使。筹办达州白莲教贼[五]，以劳疾乞归。

〔注〕

　　[一] 大兴：金贞元二年（1154）改析津县置，与宛平县同为大兴府治（在今北京城西南）。元移治大都城内（今北京城内）。明洪武初为北平府治，永乐中为京师顺天府治。清仍为顺天府治。

　　［二］富顺：北宋治平元年（1064）置，为富顺监治。治所即今四川富顺。射洪：北周改射江县置，属昌城郡。治所在今四川射洪西北金华镇。《元和郡县图志》卷三三"射洪县"："县有梓潼水，与涪江合流，急如箭，奔射涪江口，蜀人谓水口曰洪。因名射洪。"

　　［三］愆（qiān）期：误期，失期。

　　［四］躬亲：亲身去做。步祷：谓进行禹步祷告。明刘若愚《酌中志·内臣职掌纪略》："崇祯辛未年五月初一日，今上因旱，诣圜丘步祷。"

　　［五］达州：北宋乾德三年（965）改通州置，治所在通川县（今四川达川）。明郭子章《郡县释名》四川卷下：达州"达，通之义一也"。辖境相当今四川达川、达县、宣汉、开江、万源、城口等市县地。白莲教：元、明、清时期秘密宗教。南宋绍兴初年吴郡（今苏州）僧人茅子元创白莲宗，原为佛教净土宗的一个支派，后与弥勒信仰等相混合，并吸收揉合佛、道、明教教义后，逐渐发展成为白莲教。明正德以后，受罗教的影响，以"真空家乡，无生父母"为八字真诀。由于徒众日增，往往成为农民反抗斗争的组织者，故被统治阶级视为异端、邪教，加以镇压。因而在流传中乃不断改变名称，在清代多以混元、清水、清茶门、收元、三阳、大乘、八卦、天理等名目进行传教活动。

［译　文］

　　林儁，字西岩，原籍江苏，后隶属顺天大兴府（今属北京市）。

乾隆二十五年（1760）举人。由内江知县调成都任职。因参加金川
战役有功，历任四川盐茶道。林儁任职富顺、射洪等县之前，当地积
欠税款二十余万两。林儁上任后经多方协调，还清全部积欠。林儁每
年都开展都江堰岁修工作，加固被洪水损坏的渠首工程和内外江各灌
溉渠道，清理淤塞，疏通水道，融通调济灌区用水。遇到暴雨连绵造
成岁修延误工期时，林儁亲自步行至灌县二王庙，祭祀李冰，祈祷神
明，总能得到回应。林儁任盐茶道十八年，前后任按察使十三次。因
参加平息贵州、湖南苗民叛乱贡献突出而升任按察使，前后赴各道巡
察，考核吏治十三次。嘉庆二年（1797）擢升为四川布政使，负责
处理达州白莲教案件，因积劳成疾，请求退休。

阿尔泰

阿尔泰，满洲正黄旗，副榜，姓伊尔根觉罗。乾隆二十八年，官四川总督。性倨贵而迂缓[一]，故议合绰斯甲布等九土司环攻金川不克[二]。及郎卡死，子索诺木与小金川土司僧格桑[三]，侵占鄂什、沃日之地。后又奏罢阿桂及桂林，致滋物议，然于民事则勤勤恳恳。三十一年，滕令汪丞修都江堰，加长链以缚铁桩。阿尔泰谓是堰之每岁淳淤者[四]，以堰底不坚故耳。乃令视往岁挖堰加深三尺，坚筑石坝于堰底，令沿山一带上游筑堰蓄水，以备春耕，民利赖焉。三十五年，授武英殿大学士，留总督任。

〔注〕

〔一〕倨（jù）贵：傲慢矜贵。迂缓：行动迟缓，不直截了当。

[二] 环攻：围攻。语本《孟子·公孙丑下》："三里之城，七里之郭，环而攻之而不胜。"

[三] 小金川：土司名。金川为明金川寺演化禅师地，后分大、小金川。小金川，土语攒拉。治今四川小金县。属四川省。清顺治七年（1650）内附。乾隆四十一年（1776）改流，置美诺直隶厅。僧格桑：清小金川土司首领，泽旺子。乾隆间，与大金川首领索诺木（郎卡子，莎罗奔之侄孙）勾结，侵夺邻近诸土司。三十六年（1771），清廷下令讨伐。次年，逃往大金川。三十九年（1774），为索诺木鸩杀，献尸于清军。

[四] 淳（tíng）：水积聚而不流动。

[译 文]

阿尔泰，满洲正黄旗人，姓伊尔根觉罗，参加乡试被录为副榜。乾隆二十八年（1766），任四川总督。阿尔泰性格傲慢矜贵，语调迂缓。任职四川时，遇金川土司叛乱，阿尔泰令金川旁近的绰斯甲布等九土司从不同方向围攻金川没有成功。后来，至土司郎卡死，其子索诺木与小金川土司僧格桑，侵占鄂什、沃日之地。阿尔泰赴达木巴宗处置，僧格桑出寨拜见，并退还了侵占的土地。其后，因阿尔泰奏罢阿桂及桂林在金川战役中不力，而自己在平判金川土司对策及督运军粮中失利等因，致使官僚滋长对阿尔泰的非议。然而，阿尔泰任职四川时，对百姓之事都能做到勤勤恳恳。乾隆三十一年（1769），滕令汪丞维修都江堰时，加长铁链以缚住淘滩标志铁桩。阿尔泰认为都江堰之所以每年都会有泥沙淤积，是因为内江河底不够坚固的缘故。于是亲自前往视察岁修工作，将淘滩深度在原来的基础上挖深三尺，用卵石将河底坚筑成石坝。命令沿山一带和河道上游修筑拦水堰头蓄水，以备春耕之用，百姓都因此享受到水利的好处。乾隆三十五年（1770），授武英殿大学士，留任总督。

蒋攸铦

蒋攸铦，字颖芳，号砺堂，辽东襄平人，隶汉军旗籍。幼颖特，年十九成进士，选庶吉士，寻以赣南道荐擢巡抚。嘉庆二十二年，调四川总督，川兵习尚骄纵，壹裁以法，习遂革。修文翁石室遗址[一]，兴学舍造士，成就者多。

都江堰工，自乾嘉以来[二]，迭次增加，公费渐绌[三]。攸铦廑民瘼[四]，奏将济田租谷，每年变价解司，酌充河堰加功银两，民力稍纾[五]。

二十四年，率领川中土司大头目十四人入都，赏赉有加礼。其为政明而不苛，清而不刻，壹意以培植贤才、扶持善类为念。官至文渊阁大学士，坐盐枭事左迁[六]，卒于旅次[七]。

［注］

［一］文翁石室：即文翁学堂。在今四川成都文庙前街石室中学学处。《宋史·蒋堂传》："庆历初，诏天下建学。汉文翁石室在孔子庙中，堂因广其舍为学宫，选属官以教诸生，士人翕然称之。"即此。

［二］乾嘉：清乾隆、嘉庆两朝的合称。

［三］绌（chù）：不足，不够。

［四］民瘼（mò）：人民大众的疾苦。

［五］纾（shū）：缓和，解除。

［六］盐枭：又称盐匪、盐徒。旧指私盐贩中之慓横者，多指私盐贩集团之首领。唐代的黄巢、王仙芝，元末的张士诚、方国珍，清初的谭阿昭、蔡牵，均以结党贩卖私盐之首领而聚众起事。清代对巡缉盐枭特别重视。

［七］旅次：指旅途中小住的地方。

［译 文］

蒋攸铦（1766—1830），字颖芳，号砺堂，辽东襄平人，隶属汉军镶红旗。蒋攸铦从小就聪明伶俐，乾隆四十九年（1784），年方十九岁就考取进士，选为翰林院庶吉士。很快以赣南道举荐提升为巡抚。嘉庆二十二年（1817），调任四川总督。当时四川治军不严，官兵养成了骄横跋扈的习惯。蒋攸铦采用综合治理的办法，制订严刑峻法，革除了陋习。蒋攸铦还在文翁石室遗址修建学舍（锦江书院），培养当地有志之士，造就了很多学有成就的士子。

都江堰水利工程和设施，自乾隆、嘉庆年以来，岁修费用多次增加，财政负担很大。蒋攸铦体恤民众疾苦，上奏皇帝将救济田的租谷，每年变价充作都江堰维修费用以减轻百姓压力。

嘉庆二十四年（1819），蒋攸铦率领川中土司大头目十四人入京都，得到皇帝很多赏赐和礼遇。他为政严明而不苛刻，一意培养扶持贤才去恶扬善，官至文渊阁大学士。后因私贩食盐的盐枭案受到牵连被降职，病逝于降职迁居路上。

强望泰

　　强望泰，陕西韩城进士[一]。素秉其先人忠烈遗训。道光初来川，七年任成都水利同知，迭更调，先后凡八任，阅十余年。每年淘滩作堰，躬与役徒为伍，虽严寒风雪，不敢告劳。而清俸所入，节衣缩食，稍有赢余，以是役所费，计钱一千五百缗，皆倾囊出之。复修文翁祠宇，表彰前贤。殁后，蜀民感其德，立祠城外，岁时祀之如文翁云。

〔注〕

　　［一］韩城：隋开皇十八年（598）置，属同州。治所在今陕西韩城东南二里城古村。

〔译 文〕

　　强望泰（1793—1844），陕西韩城人。嘉庆二十二年（1817）考取进士。强望泰从小秉承其父无限忠诚不惜牺牲生命的遗训。道光初年入川任职，道光七年（1827）出任成都水利同知，随着职务不断调换，先后共八次担任成都水利同知，管理都江堰长达十余年。每年岁修淘滩修堰时，强望泰都要深入工地，以身作则，与民工吃住在一起，即使严寒风雪也坚守在第一线，从不言苦。强望泰在位时勤政廉洁，平时生活十分简朴，总是节衣缩食，将薪俸收入节省下的银两，都捐入当年的岁修工程中，多年来共计捐银一千五百缗，尽数捐助在维修都江堰水利工程上。强望泰还办学兴教，复修文翁祠，表彰前贤，振兴地方文化。强望泰去世后，百姓不忘其恩德，为他立祠于城外，每年祭祀规格和文翁一样。

钱聚仁

　　钱聚仁，字本之，号味根，浙江秀水人[一]。以拔贡生充武英殿校录。嘉庆二十三年，中式顺天举人。校录期满叙知县[二]，选四川眉州彭山。亲老改近，选授江南之兴化[三]。丁忧归[四]，服除，之四川，坐补彭山，道光十八年也。

　　彭山滨江，赖江水溉田，故籍谓李冰尝为六堰门、六水门，拥江水以灌郡下田，即今馨堰故址也[五]。唐章仇兼琼、五代张琳，亦相继开堰，岁久多塞。聚仁寻求故迹，疏浚补治之，如其旧。是年夏，米价翔贵，斗值钱千，急发常平仓及济仓谷平价粜之[六]，不足则劝募以济。自夏及秋，民不苦饥，嗣以废社仓谷价银八千余两，买田三百二十余亩，为济仓田。岁得谷六百石以上，水旱有备，民德之。尝署巴县、广安州[七]，皆有惠政。二十年乡试，充同考官[八]，能得士。寻引疾归，咸丰二年，卒。

〔注〕

〔一〕秀水：又作绣水。在今浙江嘉兴北。宋张尧同《嘉禾百咏·秀水》："好景明于画，长浮五色波。"《清一统志·嘉兴府》：秀水"即南湖之下流，北入运河。相传水浮五色，见者获庆。亦称绣水，邑名因此"。

〔二〕叙：评议等级次第。

〔三〕兴化：五代杨吴武义二年（920）置，属扬州。治所即今江苏兴化。曹学佺《名胜志》："伪吴武义年中置今县，言将振兴其教化也。"

〔四〕丁忧：遭逢父母的丧事，也称"丁艰"。

〔五〕鬐堰：在今四川彭山西南、眉山西。《元和郡县图志》卷三二"彭山县"：鬐堰"在县西南二十五里。拥江水为大堰，开六水门，用灌郡下"。

〔六〕常平仓：古代官府为调节粮价、储粮备荒所设置的粮仓。清地方官府自各省会至府、州、县均置。或兼设裕备仓，储备米、麦、谷、豆、高粱等，按大中小州县定额存储。所储粮米，一为官府购买，一为劝谕乡绅士民捐输。顺治十一年（1654），命各道员专管，每年造册报户部。十七年，规定春夏以平价出粜陈米，秋冬籴还新粮，如遇荒年，则按数赈济贫户。康熙十九年（1680），谕该仓粮留本州县备赈，后又议定江南各仓以七分存储，三分发粜。如仓粮发生霉烂，或仓房倾圮渗漏，由主管官员赔补，重者革职。

〔七〕巴县：北周武成二年（560）改垫江县置，为巴郡及楚州治。治所即今重庆。《元和郡县图志》卷三三"巴县":"阆、白二水东南流，曲折如巴字，故谓之巴，因以为名。"

[八]同考官：官名。元明清皆有。负责科举考试。元代又称"同考试官"，元代的同考试官相当明、清的副考官。

[译 文]

钱聚仁，字本之，号味根，浙江秀水（今浙江嘉兴）人，以选拔贡生补充武英殿校录。嘉庆二十三年（1818），钱聚仁考取顺天嘉庆戊寅恩科乡试举人，校录期满评为知县。选调四川眉州、彭山任职，后因父母年老多病需要照顾，请求改选到离家近一些的地方任职。皇帝体谅其侍奉父母的一片孝心，将他选授到江苏的兴化任职。钱聚仁父（或母）去世，守丧期满后，到四川等待补授彭山知县时已是道光十八年（1838）。

彭山县滨临江边，依赖江水灌溉稻田，古书上记载，李冰曾经在馨堰（今四川彭山西南、眉山西），依江水流经的位置修建了六道分水堰门、六道水门，拦截江水以灌溉彭山下辖的农田，这就是当时馨堰的旧址。唐代的章仇兼琼、五代的张琳都相继开挖渠堰灌溉农田。因年久失修，很多地方都壅塞了，无法发挥其灌溉作用。钱聚仁亲自带人到处勘察，寻找到古渠堰的踪迹，对旧址进行疏通开浚修补，恢复到原来的样子。这一年的夏天，米价特别贵，一斗米值一千钱。钱聚仁急忙上奏皇帝，请求打开国家储备粮的平谷仓和救济仓售米，以平抑米价。实在不足的则劝勉乡绅官吏，拿出自家储存的粮食，赈济老百姓，以渡过难关。这年自夏天至秋天，老百姓没有经历饥饿之苦。此后，钱聚仁乘机将库存仓谷粮食，折合银价八千余两卖出，买田三百二十余亩，作为救灾储备粮田，每年收黄谷六百石以上，保证了遇水遇旱都有粮储备。老百姓感其恩德。钱聚仁后来又被调往巴县、广安州任职，都对当地百姓实施了很多惠民政策。道光二十年（1840）乡试中，钱聚仁担任同考官，负责分房阅卷，为朝廷录取了很多有能力的优秀人才。后来因病告老还乡，咸丰二年（1852）去世。

崇 实 钟 峻 李天植 吴宝林 杨若黼

崇实，姓完颜，满洲长白人，河督麟庆长子也[一]。授四川将军，同治丙寅，川督骆秉章卒于位[二]，乃兼署四川总督。政尚宽，凡有益于民者无不为。其治河尤秉承庭训，经营不遗余力。《县志》称"轸念灌县水灾[三]，据情入告，深荷抚恤之恩"者此也。嗣得灌县令杨若黼详，以济谷息银请赈，又经奏可。事具《杨传》。

在将军任内，有重建老王庙之役，因都江故祠，专祀二郎，而祔其父冰于后寝。咸丰间，学使何绍基疏请更正祀典[四]，格于部议。至是岁乙丑春，属成绵龙茂道钟峻[五]，藉勘堰之便，相度庙址，用谋改作。遂就伏龙观前原圮山门基址，建通佑王专祠，而以二郎配享。檄灌县令李天植、杨若黼、钱璋，水利厅丞吴宝林、曾寅光，暨县之绅耆蒲鑫贤[六]、彭洵、戴嵩、申于筠、刘璞、张晖阳、张学海等，董其事。命工勘估，费近万缗，禀饬成都府属需水州县，按照水册，量力捐资，鸠工庀材。始同治四年二月，明年三月告成，迎通佑王神供正殿。事毕，自为记。

杨若黼，安徽六安州贡生[七]。同治丙寅，官灌县知县。初，癸亥年水溢，都江堰坏。成绵龙茂道何咸宜来县督修，误凿三道岩支足。自是频遭大水，冲没田庐无算。若黼为请赈，以济田息银，分三次赈济，民赖以苏。其经理堰务，与水利同知曾、吴二丞通力合作，不分畛域[八]，尤为人所难能。《县志》又谓其听断廉明，爱士如珍，每遇未结积案，必捐俸劝息，历年约费千金。并倡修文庙，邑人至今颂焉。

[注]

[一] 麟庆（1791—1846）：清满洲镶黄旗人，完颜氏，字见亭。嘉庆十四年（1809）进士，授中书。道光间官江南河道总督十年，蓄清刷黄，筑坝建闸。后以河决革职。旋再起，官四品京堂。生平涉历之事，各为记，记必有图，称《鸿雪因缘记》。又有《黄运河口古今图说》《河工器具图说》《凝香室集》。

[二] 骆秉章（1792—1867）：原名俊。改字吁门。广东花县人。道光进士。历御史、给事中、侍讲学士，道光三十年（1850）出任至湖南巡抚。咸丰中，两任湖南巡抚，支持曾国藩练办湘军，罗致将领，筹运军饷，于两湖、江、浙、江西战守，多有谋划，派兵增援曾国藩，围追堵截太平军。咸丰十一年（1861）赴四川督办军务，镇压蓝大顺、李永和部，任四川总督。同治二年（1863）在大渡河诱

杀太平军名将石达开，加太子太保。遣部追击太平军余部于陕、甘、贵州，封一等轻车都尉世职，以四川总督协办大学士。同治六年（1867）卒。赠太子太傅，谥文忠。有《骆文忠公奏议》。

［三］轸（zhěn）念：悲痛地思念。

［四］何绍基（1800—1874）：字子贞。湖南道州（今道县）人。道光进士，授翰林院编修。先后主持福建、贵州、广东乡试，提督四川学政。罢官后主讲山东泺源书院、长沙城南书院。通经史，好金石，精于历算、书法。曾考订《礼经》《说文》，又著《水经注刊误》。其诗似黄庭坚，书法则初学颜真卿，后自成一家。著有《东洲诗文集》四十卷。

［五］成绵龙茂道：清代四川省五分巡道之一。驻成都府（治今四川成都）。辖成都、龙安二府，茂、绵二直隶州，松潘、杂谷、懋功三厅，即今四川成都、德阳、绵阳（盐亭县除外）三市，阿坝藏族羌族自治州，甘孜藏族自治州丹巴县，简阳市及青海省达日、班玛、久治三县。1912 年裁。

［六］绅耆（qí）：旧指地方上的绅士或有声望的人。

［七］六安州：元至元末置，属庐州路。治所在六安县（今安徽六安）。辖境相当今安徽六安、霍山等市县和湖北英山县地。贡生：科举时代，选府州县学生员之学行俱优者，贡诸京师，升入太学，有副贡、拔贡、优贡、岁贡、恩贡等名，统称为"贡生"。

［八］畛（zhěn）域：界限，范围。

[译 文]

崇实（1820—1876），姓完颜氏，满洲长白山人，河道总督完颜麟庆的长子。崇实被授予四川将军，同治丙寅年（1866），四川总督骆秉章卒于任上，崇实兼署四川总督。崇实当官治理四川的政策较为宽松，凡有益于民之事没有不做的。在治理河道方面尤其秉承其父家训，经营管理不遗余力，（癸亥年［1863］，岷江河洪水泛滥，灾情严重。经灌县县令杨若黼详告崇实，请求以谷息银来赈济灾民，经过崇实如实奏报。）《灌县志》称崇实"轸念灌县水灾，据情入告，深荷抚恤之恩"说的就是这件事。其后得到灌县县令杨若黼的详细报告，用救济粮的息钱请求赈灾。又经崇实上奏，获得皇帝批准。其事迹记录在《杨若黼传》文中。

崇实在担任成都将军任内，完成了重建老王庙之工程。由于都江堰原有的祠庙是李二郎的专祀，而在后殿祭祀其父李冰夫妇。咸丰年间，四川学政何绍基上书请求更正祭祀典礼。皇帝转交主管部门商议。到这年乙丑（1865）春，成绵龙茂道钟峻，借着勘验都江堰之便，考察选择庙宇地址，商议改建方案。于是就在伏龙观前原已损坏的山门基址，建"通佑王"专祠，而将李二郎安置在附殿配祀。责令灌县令李天植和杨若黼、钱璋，水利厅副厅长吴宝林、曾寅光，以及灌县绅士蒲鑫贤、彭洵、戴嵩、申于筠、刘璞、张晖阳、张学海等负责办理。由工程人员勘测计算，需花费近万缗。经上报并经批准，由成都府所属的都江堰灌溉州县，按照水册所载用水田亩，量力捐资，召集工匠，准备材料。于同治四年（1865）二月开工，第二年

270

三月竣工，迎接"通佑王"李冰神位供于正殿。事后，作文记其事。

杨若黼，安徽六安州人，贡生。同治丙寅年（1866），任灌县知县。在此前的癸亥年（1863），洪水肆溢，都江堰遭到破坏。成绵龙茂道道员何咸宜来灌县督工修复时，误将三道岩支趾凿去。自此灌县连年遭受大水，冲没田庐无法计算。杨若黼为灾民请求赈济，省府以田息银分三次赈济，老百姓的生活因此而得以恢复。杨若黼管理都江堰事务，与水利同知曾寅光、吴棠二位县丞通力合作，不分是否属于自己管辖范围，做了很多人难以做到的事。《灌县志》还说，杨若黼办事多听取各方意见公正处理，爱护体恤下属。每次遇到多年未结的积案，都捐出俸禄劝其息讼，多年来花费银两约值千金，并倡导维修文庙，灌县人至今还在称颂他。

曾寅光

曾寅光，湖南黔阳县人[一]。署成都水利同知，与（兴）修老王庙。其利民者，尤在二堤：一名千金，在旧作人字堤原址；一名玉带，在城东北隅蒲阳河东岸。同治丁卯，各筑长三十丈，堤虽短而当要害，水得以就范围，厥功伟矣。

〔注〕

　〔一〕黔阳县：北宋元丰三年（1080）置，属沅州。治所即今湖南黔阳县西南黔城镇。

[译 文]

　　曾寅光，湖南黔阳县人。任成都水利同知，主持兴修伏龙观老王庙。曾寅光所做的利民工程突出体现在两段堤坝：一段叫千金堤，在渠首人字堤原址；另一段叫玉带堤，在灌县城外东北蒲阳河玉带桥东岸。同治丁卯年（1867），（由于洪水冲击，这两段河堤受损严重，曾寅光主持重修，）分别修筑加固了两段长约三十丈的堤坝。堤坝虽然短，但正当都江堰渠首工程和内江蒲阳河要害之处。（这两段河堤的修复和加固。一是保证泄洪通道拦水入宝瓶口和泄洪排沙功能的发挥，二是保证了城东玉带桥一带的安全，）让江水听从支配和控制，其功劳是伟大的。

钱 璋　陈炳魁 _{钟世选　廖昌奎　董　治　王永圻}

钱璋，字少松，安徽怀宁人[一]。父涛。以知县发川，授盐亭县[二]，历署打箭炉厅[三]。璋以知县留川，历署灌县、江津、邻水、彭水、资阳，嗣补垫江，卒于任。

其署灌也，适江水频年泛溢，堰决，南江尤受其灾，遂于治西绳桥下西岸，筑堤长三百丈，并会崇庆州捐助，保固柴家坎、汤家湾等处，躬自梭巡督工[四]，载酒慰劳，虽盛寒不懈。堤成后，两邑人民称曰"钱公堤"。又筑羡农堤，长二百余丈，在邑东古农坛湾，俱载《县志》。宣统二年，祀名宦祠。

陈炳魁，字辅廷，原名俊彦，灌县廪生[五]，以讼累被裭[六]。嗣学使廉得其实，特予开复，更今名。举同治三年甲子补行辛酉科乡试，后任眉州学正[七]。六年，邑令委办墨（黑）石河堰民工，并监筑钱公堤三百余丈，至今不毁。禀请增设水当二，准沿河居民捐资助河，拨粮四百两，摊派水钱，藉免捐输[八]，以资保固。

八年，县令黄某请办新河当民工，亲往新河口安工。民起阻挠，乃委炳魁专任其事。以少时过渡之处，择无碍田亩者安之，民遂无争。又坚筑黄令所筑堤二百丈。

十年，走马河秋涨，决开农坛湾一百余丈，入新开河。柳令委炳魁督民工，乃率邑人钟世选、廖昌奎、董治、王永圻任其役。修浚完工，补官工所不及。适水利同知曾定泰请加河工银五千余两，灌县应摊银六百两。炳魁谓系民工，恳豁免，邑人咸德之，卒后，请入祀堰功祠。

[注]

[一] 怀宁：东晋义熙中置，为晋熙郡治。治所即今安徽潜山。隋为同安郡治。唐为舒州治。南宋嘉定十年（1217）迁治皖口（今怀宁东北山口乡），端平三年（1236）迁治罗刹洲（今贵池西六十里），后又迁治宜城（今安庆），为安庆府治。元为安庆路治。明为安庆府治。清时兼为安徽省治。

[二] 盐亭县：西魏恭帝二年（555）改北宕渠县置，为盐亭郡治。治所即今四川盐亭。《元和郡县图志》卷三三"盐亭县"："以近盐井，因名。"明郭子章《郡县释名》四川卷下："梁大同间名，以地多盐井，据盐亭而创县也。"

[三] 打箭炉厅：清雍正十一年（1733）置，属雅州府。治所即今四川康定。乾隆《卫藏通志》卷四："相传汉诸葛武侯南征，遣将

郭达安炉打箭之地。"因名。实是其地为打、折二水汇流之处,藏语称打折多,音讹为打箭炉。简称为炉城。辖厅治迤西诸土司。全境相当今四川甘孜藏族自治州及西藏宁静山以东地区。光绪三十年(1904)升为直隶厅。此后土司陆续改流,分设州、厅、县,辖境日减,宣统三年(1911)改为康定府。

[四]梭巡:往来巡察。

[五]廪生:即廪膳生员。明清学校生员,指科举制度下考入府、册、县学之学生。以领取月米以补助生活,故名。

[六]褫(chǐ):剥夺。

[七]学正:官名。宋代国子监置此官,掌学规,诸生犯学规则处罚。元代国子监置学正,掌督习课业;太史院也置学正,从九品;路、府、州学也设学正,即该校学官。明代国子监置学正十人,正九品;州学也置学正,掌训导教诲所属生员。清代国子监学正、学录掌南学事务;州学学正正八品,为州学学官。

[八]捐输:将财物捐助缴纳给公家。

〔译 文〕

钱璋,字少松,安徽怀宁(今安徽潜山)人。父亲钱涛。钱璋以知县衔来到四川,任盐亭县知县,后任职打箭炉(今康定)厅。钱璋以知县衔留任四川,历任灌县、江津县、邻水县、彭水县、资阳县知县。其后任候补垫江知县,死于任上。

钱璋在任灌县知县时,适逢江水年年泛滥,都江堰工程多处被冲决，正南江金马河一带受灾尤其严重。于是在灌县城以西索桥下的西岸修筑堤坝三百丈，并会同下游的崇州捐助维修，加固柴家坎、汤家湾等处水毁工程。岁修期间，亲自到工地巡查督促，送酒到工地慰劳河工，就是在盛寒时期也不懈怠。水毁工程修筑完成后，灌县、崇州两县人称之为"钱公堤"。还在灌县城东门外的农坛湾修筑"美农堤"二百余丈。这功绩都被载入《灌县志》。宣统二年（1910），钱璋事迹被列入灌县文庙名宦祠祭祀。

陈炳魁，字辅廷，原名陈俊彦，灌县廪膳生，因受诉讼之事连累，取消廪生资格。后来，经灌县学政调查，了解到事情的原委，特别准许恢复廪生资格，改名为陈炳魁。同治三年（1864）甲子年，陈炳魁被推举参加乡试，后任眉州学正。同治六年（1867），县令委派陈炳魁督办黑石河岁修工程，并监督砌筑"钱公堤"三百余丈，历经多年洪水冲击，至今保存完好。陈炳魁禀告县令请求增设"水当"（增加引水量提高河段水位的导水堤①）两处，准许沿河居民捐助河工，并拨银四百两。将摊派的水钱，抵扣税捐，用以加固维修河堤。

同治八年（1869），县令黄某请示设置新导水堤"河当"，带领民工亲自前往新河引水河口安排施工。当地农民起来进行阻挠。于是，委派陈炳魁专门去处理这件事。陈炳魁在自己少年时过渡的渡口处，选择安全无碍之处修建"河当"，民众不再抗争。接着，陈炳魁又监督砌筑了黄县令安排修筑的堤坝两百丈。

---

① 谭徐明：《都江堰史》，中国水利电力出版社，2009 年，"修筑临时导水堤"。

同治十年（1871）秋天，河水暴涨，冲开走马河农坛湾段河堤一百余丈，流入新开河。柳县令委派陈炳魁督办民工岁修工作。他率当地人钟世选、廖昌奎、董治、王永圻等一起负责岁修工程。这段河道的疏浚和河堤加固工程的完成，弥补了之前专管河道的官员做得不足的地方。当时正逢成都水利同知曾定泰要求增加岁修河工银五千余两，灌县应摊派白银六百两。陈炳魁提出，这是民堰工程而非官堰工程，是由民间集资维修河段。在陈炳魁的恳求下，摊派得以豁免。灌县民众都感恩他的功德。陈炳魁去世后，经当地官民提请，陈炳魁入祀堰功祠。

吴 棠

吴棠，安徽盱眙人[一]。官四川总督，卒谥勤惠。其为政以恤民为本。蜀人论近数十年督帅存厚者，首推之。以都江堰每岁筹加工费为证，不诬也。都江堰自嘉庆以来，蒋攸铦议加工于前，崇实加工修理于后，其财政时虞支绌[二]。至是大起堰工，每年或加银六七千两，或累至万余两不等。棠通前后以制用，始将加工之费著为常例。司堰务者，每岁竭心力为之，亦无掣其肘者矣[三]。成都用水十四州县，至今赖之，洵惠矣哉[四]！

〔注〕

　　[一] 盱眙（xū yí）：西汉改盱台县置，属临淮郡，为都尉治。治所在今江苏盱眙县东北二十五里盱眙山麓。《清一统志·泗州》：

280

盱眙故城"城居山上，可以眺远，故名"。清初属凤阳府，康熙中泗州寄此。雍正二年（1724）属泗州。民国初属安徽淮泗道。1928 年直属安徽省。1955 年划归江苏省。

〔二〕支绌（chù）：金钱不够分配。

〔三〕掣（chè）肘：拉住胳膊，比喻阻挠别人做事。

〔四〕洵：诚实，实在。

〔译　文〕

吴棠（1813—1876），安徽盱眙人。道光十五年（1830），中举人。同治六年（1867），调任四川总督。去世后谥号勤惠。吴棠执政以体恤百姓为本。四川人谈论起数十年来以厚德服人的督帅，首推吴棠。以都江堰每年岁修筹集资金为证，这个评价一点也不为过。都江堰水利工程自嘉庆以来，蒋攸铦提议增加工费于前，崇实增加工费修理于后，省财政往往会入不敷出。等到需要大修工程时，每年又需要增加白银六七千两，有时甚至要达到一万余两不等。吴棠统揽前后，依据之前的先例，开始将增加维修工费确定为常例。让都江堰工程的管理者，每年都尽心竭力工作，费用也没有出现不够用的情况。都江堰灌区的成都十四个州县，至今享受其利，这真是个惠民政策啊！

黄毓奎　胡圻

黄毓奎，湖北钟祥拔贡[一]。同治末，署灌县知县。适大水，泛溢新渡口，西岸上下冲没田庐无算。毓奎恻然悯之，亲为劝捐修筑岷江堤，在县西南十五里，朝夕巡视，犯霜践露，与工役人等，疲筋力于波涛嚼啮中。未几，大功告竣，计长一千余丈。

胡圻，浙江会稽人[二]。署灌县事。同治甲戌，山匪为患，圻莅治，不日荡平，民赖以安。大吏嘉之，留署一年。圻乃增奎阁，添建考棚[三]。捐俸置义冢，并禀减捐输，皆啧啧载口碑[四]。其尤著者，在独力筑岷江堤，以续黄令未竟之志。黄去后，圻辄私计曰[五]："黄公堤长逾千丈，今所补苴[六]，估计不过四十余丈，未及十之一，若再劝捐以累民，民其谓我何？"因割俸补足所估丈尺，而岷江堤复完。

〔注〕

〔一〕钟祥：明嘉靖十年（1531）置，治今湖北钟祥。

〔二〕会稽：即今浙江绍兴。春秋时为越国都。《史记·夏本纪》："禹会诸侯江南，计功而崩，国葬焉，命曰会稽。会稽者，会计也。"

〔三〕考棚：旧时举行考试的场所。

〔四〕啧啧：叹词。表示赞叹。

〔五〕私计：私下考虑或估计。

〔六〕补苴（jū）：弥补缺漏。

〔译　文〕

黄毓奎，湖北钟祥人，拔贡生（由地方贡入国子监的生员）。同治末年，任灌县知县。适逢岷江涨大水，洪水漫过了新渡口，在岷江西岸上下冲没的房屋田舍已无法统计。黄毓奎心中悲悯老百姓生活无依，亲自劝勉乡绅官吏捐款捐粮，修筑岷江堤。在县城外西南十五里，黄毓奎带人朝夕巡视，冒着风霜雨雪，与修筑民工一起，在波涛啃噬中被折磨得精疲力竭。不久，大功告竣，培修河堤共计一千余丈。

胡圻，浙江会稽人，任职灌县知县。同治甲戌年（1874），灌县出现山匪为患抢劫路人。胡圻到任后，大刀阔斧整饬吏治，严惩当地土匪恶霸，不久就清除了匪患，民众得以安心生活。胡圻受到上级的

奖励，特别留任灌县一年。胡圻为振兴灌县文化，新建了奎星阁，上
应文曲星。募捐银两，在原有科举考场增建考棚，让更多学子有机会
学习和参加秀才考试。还拿出自己的薪俸，购买土地，作为义冢收葬
无地可葬者。还上书减少税租以减轻百姓负担。胡圻的这些行为，灌
县老百姓啧啧称赞，为之感恩戴德。胡圻尤其著名的一件事，就是他
独自捐俸修筑岷江堤，以完成前县令黄毓奎未能完成的愿望。黄县令
离任后，胡圻仰慕前任的功绩，私下里总是在计划陪修前任未修完的
河堤，他说："黄县令修筑的河堤长度超过千丈，现在还需要修补的
地方，不过四十余丈，还不及黄县令修堤长度的十分之一。如果再次
向百姓劝捐增加老百姓负担，老百姓会怎么看我呢?"于是胡圻拿出
自己的俸禄，弥补河堤修复工程的不足，从而完成岷江堤坝的修复。

丁宝桢　陆葆德

　　丁宝桢，字稚璜，贵州平远人[一]。少能文，有操略[二]。道光二十二年举于乡，咸丰三年成进士，改庶吉士，以平难剿逆功，荐擢山东巡抚。光绪二年，总督四川，不避怨嫌，复都江故堤，还民田数十万亩，裁减夫马，民困大苏。在川十年，多所兴革。十二年四月卒，谥文诚。家贫不能举火，成都府供食数月，旧寮赠赙始归葬[三]。

　　先是，宝桢以都江堰旧制竹笼不坚，岁修累甚。光绪三年，奏请十万金，大兴工役，前后亲勘十二次，均易以石堤，复链铁键之，河埂成，初视若坚壁，嶄然一新。已而汛作，堤尽决，片石无存者。事闻，谕明白回奏。宝桢奏曰："臣之办理堰工，惟有于人字堤一段，泥于经久省费之说，易笼为石，致盛涨时，堰工冲损三十七丈有零，无可辞咎，盖亦自任其过。然观过知仁，未可以一眚掩也[四]。"

　　陆葆德，字宸珍，云南临安人[五]。少任侠不羁[六]，已而折节读书，由翰林改官知县。光绪三年，署灌县，恤民瘼，戢强暴，捐建普济桥，费金逾四千。奉丁宝桢檄督办都江堰大工，勤劳不避艰阻，冒寒暑往复丛石中，与役徒为伍。遇浮议[七]，辄镇之以静。工成旋败，舆论犹韪之。

〔注〕

[一] 平远：清康熙三年（1664）于比喇坝置，属贵州省。治所即今贵州织金县。

[二] 操略：操守谋略。

[三] 赗赙（fù）：赠送财物以助治丧。

[四] 眚（shěng）：过错。

[五] 临安：清乾隆三十五年（1770）改建水州置，治今云南建水。

[六] 任侠：打击强暴帮助弱小的侠义行为。

[七] 浮议：没有根据的议论。

〔译 文〕

丁宝桢（1820—1886），字稚璜，贵州平远人，少年时即能作文，有操守谋略。道光二十二年（1842）参加科举考试，咸丰三年（1853）中进士。随后任庶吉士。因为平定难以剿灭的地方叛乱有功，被举荐担任山东巡抚。光绪二年（1876），调任四川省总督。丁宝桢就任四川总督后，不怕得罪文武百官，力主修复被冲毁的都江堰河堤，使数十万亩受灾的农田恢复耕种；裁减机关的马夫和工役等，减少财政开支，让困扰四川人民的财政负担得到极大改善。在四川任职十年，实施了多项改革。光绪十二年（1886）四月，一生辛劳的丁宝桢死于四川总督任上。皇帝赐谥号文诚。一生清廉的丁宝桢死后，没有给家里留下钱财，竟尴尬得无力置办棺木，也没有钱维持生活。成都府给丁宝桢的家人供食数月，藩台拨款，僚属和绅民含泪集资，才得以使其儿子扶棺出川归葬。

丁宝桢任四川总督时，四川遭遇洪水灾害。在制订维修计划时，丁宝桢了解到都江堰历来采用竹笼筑堰护堤，但因竹笼不坚固，每年要更换，需要耗费大量人力物力，成为百姓巨大的负担。光绪三年（1877），丁宝桢上奏皇帝，请求朝廷拨付库银十万两，大修都江堰。丁宝桢先后亲自到工地勘测十二次。（这次大修将都江堰分水鱼嘴、内江仰天窝鱼嘴、蒲柏河鱼嘴和人字堤）全部改用条石修砌。条石之间用铁锭互相闩住。维修工程竣工后，初看是崭新的坚壁，非常坚固。然而汛期一来，河堤全部冲决，片石无存。这件事被报告到朝廷后，皇帝下旨命令丁宝桢详细说明情况。丁宝桢上奏说："臣办理治理都江堰一事，唯有修人字堤这一段时，拘泥于想让它长久使用又能节省费用的考虑，就改变竹笼为石条修筑，以致河水盛涨时，堤坝被冲损三十七丈多。臣不可辞其咎，也应该承担责任。但是观看过整个维修过程的都应该知道我做出的努力和仁德，不能因为我的这一过失而掩盖了其他的功绩吧。"

陆葆德，字宸（yǐ）珍，云南临安人。年轻时仗义不羁，后来，

强迫自己读书，由翰林学士改任知县。光绪三年（1878），任灌县知县。陆葆德体恤百姓疾苦，打击强权暴徒，捐款建普济桥（今名南桥），花费超过四千两银。按丁宝桢公文要求督办都江堰大修工程，勤劳不避艰难，经常冒着严寒酷暑往来在工地中，与河工民夫为伍。对待不同意见甚至流言蜚语，镇静思考，处之泰然。工程完成后，遇大洪水袭击堤坝旋即被冲毁，各方舆论仍然肯定他的做法。

〔补　正〕丁宝桢大修都江堰

清光绪二年(1876) 九月，57 岁的丁宝桢受到慈禧皇太后和光绪皇帝的接见，被授头品顶戴、太子少保，挂兵部尚书、都察院右都御史衔，升任四川总督。当时四川吏治腐败、财政赤字巨大，慈禧特为丁宝桢写了一幅字"国之宝桢"，足见朝廷对丁宝桢寄予了厚望。

是时，都江堰的岁修积弊日多，据丁宝桢于光绪三年十二月二十八日（1878 年 1 月 30 日）《奏为筹款修理都江堰事》（中国第一历史档案馆藏）奏折所报："自咸丰年间军兴以来，粮户于正供之外加完津贴，继以连年捐输，小民竭蹶，供亿无力兼顾，专恃官工补苴罅隙。又以经费短绌，顾此失彼，致二十余年来，江底愈淤愈高，水涨辄多泛溢，冲刷堤堰。沿江田亩时报坍淹，小民失业，空赔粮赋，迭经赴省控诉。又，每逢雨水稍多之年，省城城内即须行船。虽经前督臣委勘饬修，因军饷紧急，库帑空虚，实无巨款可筹，未能即办。臣莅任后，复接成属各士、工、民纷纷呈诉。"灌区绅民"请将淤垫过甚之江心百余里，恳求拨款淘浚。其余各岸工程尚多，该绅民等，仍愿自行集资修理，情词实为迫切"。

丁宝桢于到任四川总督的当年农历九月间，轻骑简从，率同署成绵龙茂道丁士彬，随带熟悉水利之员，亲自到都江堰详细徒步勘测。见内外两江节节淤垫，较旧时江底高至一二丈及八九尺不等，两岸沙滩，上与田齐，乱石纵横，中流阻塞。灌县、温江、崇宁、郫县、崇庆州等处民田冲毁已至六七十万亩。若不准予淘修，非但已冲之田不能复业，且恐成都十六属州县一遇大水，即被淹成泽国。而省城地处下流，亦恐淹浸。工程实有万不可缓之势。

为说服朝廷，请拨修堰巨款，丁宝桢奏道："虽刻下库款支绌，而赋出于民，民出于田，且百姓正赋外，加征津贴已三十余年，收数不下一千六七百万两。又自同治初年办理捐输，每年约计八九十万两，迄今已十余年，收数亦不下一千二三百万两，此皆出自按粮摊派。兹若省一时之费，拂万姓之心，使之莫保田庐，恐以后津捐难期踊跃，殊失远大之计。"而灌区群众的要求并不高："况该绅民等，谨请官为修理江心。此外，两岸堰工仍愿自行按户捐办。以后岁修，一切均照旧自为经理。若竟置之不理，实不足以对百姓。"丁宝桢决心对都江堰进行一次彻底的大修。

在修堰经费还未得到完全落实的情况下，丁宝桢于是年冬季的岁修时节，一方面多方筹款，"现商之藩司，以正款无可动拨，惟有于各州县存寄司库，应领各款内，暂行续银九万两，陆续分解工次应用。将来即由盐货各厘金向下拨还。再行设法劝捐，归还厘金，俾免挪用正款，以期节省库项"；一方面"饬令现署成绵龙茂道丁士彬亲住工次，督率署水利同知徐传义、署灌县知县陆葆德等催集人夫，赶紧兴工。先浚外江，限日分段疏淘，一面饬令民间按户集资，赶筑堤堰，并分拨驻省之龙武营勇丁前往工所，帮同夫役并力掏淤，以期速竣要工"。

为了更好地解决岷江水患，丁宝桢在这次岁修中，采用了当地群众和水利专家的建议，认为都江堰的笼石工程不坚固，年年修治，耗财累民，应铁石坚作，以免年年拆修。于是，对渠首工程进行了大改造，将笼石拦水改为条石拦水。将都江堰鱼嘴、金刚堤、人字堤、仰天窝鱼嘴、蒲阳河鱼嘴的笼石拆除，改用条石砌筑。条石间用铁链联结。石缝用桐油调和石灰嵌缝，务求牢固。新砌都江堰鱼嘴用功尤深。这是在生产力得到发展以后的清朝，对都江堰水利工程以条石换笼石"坚筑"的一项改革措施，花费巨大，务求坚固。条石鱼嘴开创了都江堰历史上规模最大的一次铁石坚作。

可是，就是工程完成当年（1878），都江堰遭受百年不遇的大洪峰，岷江洪水暴涨至一丈九尺多。木石俱下，浊浪翻滚，吼声如雷，新构筑的人字堤等堰堤被冲毁三十七丈余。

造成损失后朝廷对损坏原因未能深究，仅因丁宝桢等维修都江堰"未遵旧制"，被革职留用。随丁总督一并被革职留用的还有成绵龙茂道丁士彬、督率署水利同知徐传义、署灌县知县陆葆德等。这也是这位丁大人仕途中少有的挫折。石砌人字堤冲毁后，丁宝桢及一干官员，用自己的俸禄重新恢复了笼石拦水的古制（见中国第一历史档案馆藏：四川总督丁宝桢《奏为查勘都江堰办理岁修工程情形事》，光绪六年正月二十日［1880年2月29日］）。后世水利学者认为，丁宝桢的条石人字堤虽然遭受了部分失败，但是石砌鱼嘴却基本保持完好，仰天窝等处的分水工程中，石砌河岸和鱼嘴一直沿用至今，被称为"丁公鱼嘴"。

庄裕筠

庄裕筠,江苏元和人[一]。光绪三年,监都江大工,洞悉利病。六年,署成都府水利同知。十年九月,复署。每年修淘合度,勘工恒至七八次,丝毫无扰,寒暑不辞。堰工初隳时[二],都江土邱遗址,颓塌不可言状,至是复完葺焉。十二年,署灌县事,除匪安良,捐俸成邑《志》。

〔注〕

[一] 元和:清雍正二年(1724)析长洲县南境置,与吴县、长洲县同治苏州府城内(今江苏苏州旧城区)。1912 年裁府,并元和、长洲二县入吴县。

[二] 隳(huī):毁坏,崩毁。

〔译 文〕

　　庄裕筠，江苏苏州人。光绪三年（1877），庄裕筠监督都江堰大修工程。他长期在岷江河走访调察，十分了解岷江的情况，洞悉都江堰的利病。光绪六年（1880），庄裕筠担任成都府水利同知，管理都江堰。光绪十年（1884）九月，再次担任成都府水利同知。在他科学的治理下，都江堰岁修无论是筑堤还是淘淤，都符合规则。他每年都要亲自带人勘查岁修工程七八次，丝毫不扰动堰工，寒来暑往，从不推辞。每年洪水来袭，都江堰堤坝尽被冲毁，颓塌之形不可言状，直到庄裕筠任成都府水利同知才修复完善。光绪十二年（1886），庄裕筠担任灌县知事，他剿除土匪安抚百姓，为灌县做了许多好事，还捐俸编修《灌县志》。

刘秉璋

刘秉璋，字仲良，安徽庐江人[一]。由翰林累官至四川总督。无徭役，无文告[二]，以宽大镇静为主。又时和年丰，人以福星颂之。都江大工颓坏时，庄裕筬经营于下，秉璋主持于上，补苴振理，仍用竹笼古法，堤赖以安。岁乙未，以教案去官[三]，绅民罗拜车前[四]，拥塞不通者四十余里。

〔注〕

〔一〕庐江：南朝梁天监末置，属庐江郡。治所在今安徽庐江西。

〔二〕文告：政府机关发布的通告。

〔三〕教案：清末指因外国教会欺压人民而引起的诉讼案件，也指人民反抗教会欺压而引起的外交事件。

[四] 罗拜：环绕着下拜。

[译　文]

　　刘秉璋，字仲良，安徽庐江人。由翰林学士开始做官，逐级晋升直至担任四川总督。刘秉璋任职四川总督期间，地方安定没有多征徭役，无须多发文告。刘秉璋督蜀期间施行以宽大的政策，保持社会稳定为主，又正好时和年丰，老百姓都以福星来称颂他。在都江堰的遇灾受损时，有庄裕筠负责具体经营操作，刘秉璋则主政支持。岁修办法仍然采用传统的竹笼古法，堤坝才得以安全。乙未年（1895）因"成都教案"（成都市民与外国传教士发生的冲突）的影响被免职，绅民都舍不得他离开，络绎不绝地在他车前跪拜，拥堵不通达四十余里。

历代都江堰功小传续增人物① （1912—1978）

官兴文

官兴文（1870—1950），字蔚章，灌县崇义乡人，民国十四年至十八年（1925—1929）任成都水利知事，以后长期担任都江堰流域灌县地方水利工程委员会代主任委员、副主任委员等职，对都江堰的水利建设做了不少有益的工作。民国十四年至十六年（1925—1927），官兴文主持大修都江堰，将分水鱼嘴下移200尺，改用条石砌筑，共33层。改笼石的太平鱼嘴（今仰天窝鱼嘴）为石砌鱼嘴，至今仍在使用。同年还在凤栖窝增添卧铁一根，作为淘滩的标准。民国三十年（1941）官兴文对白马堰的修建加以支持。次年又主持修建导江堰

————————

① 续增人物依据王布雷：《都江堰志》，四川省地方地编撰委员会，1993年。

298

（杨柳河），于民国三十五年（1945）建成，扩大灌溉面积。由于官兴文在导江堰修建中做了很大努力，当时四川当权者建议命名为"兴文堰"。

官兴文在任灌县水利会主任委员期间，积极建议都江堰兴利除害等事，撰写有《都江堰兴利除害计划书》。

◎官兴文与兴文堰①

官兴文，字蔚章，生于清光绪十四年（1870），灌县（今都江堰）崇义镇人。清末，任四川通产矿务总公司理事。民国初，历任灌县征收课长、商会会长、团董等职。民国二十五年（1936）后，致力于水利事业，历任成都府水利知事，灌县地方水利工程委员会副主任、主任等职。

官兴文长期从事水利工作，对都江堰灌区水利事业做出许多杰出的贡献。

官兴文以七十二岁高龄、古稀之寿，主持修建长达11公里的导江堰，又称兴文堰。这条看来平凡的如一条小沟，却隐藏着一些鲜为人知的逸闻轶事。

兴文堰原拟从导江门起水，故拟称导江堰。后改从三泊洞起水，经张群提议才改为兴文堰。

兴文堰全长约11公里，线路为三泊洞—杨柳河—竹林寺—灵岩

---

① 罗树凡：《治堰遗闻轶事——官兴文和他的兴文堰》，《都江堰市政协文史资料》第14辑。

山沟—万张沟—桐麻沟—龙安桥—曹家碾，于干河子汇入蒲阳河。

兴文堰除城区一段，即杨柳河段，余大部都在外北，或灵岩山麓进行。

这条看来极不起眼的小工程，似乎轻而易举，即可大功告成。哪知工程虽小，麻烦却多得吓人，后来县大老爷出面，连堂堂省主席张群，也动了嘴皮子，却也无济于事。

麻烦之一是钱，无钱办不了事，这是人尽皆知，也是最浅显的道理。省水利局补助的经费并不多，物价上涨又快，九月米每古石970元，十二月已涨至1200元。本来不够的经费，一下子又差一大截。

最麻烦的事还是地权，那时每寸土地都有自己的主人，主人有地权，不管什么需要，都要取得主人同意。小户人家还好说，赔上一点钱，讲上几句好话，也就算了。只是这样人家不多，扯皮户却不少。有的要索取高额赔偿，有的更要让工程线路绕开他的地盘。工程从冬月初开挖，到了年底只挖了一小段，竟又停工，工程队人员不多，除工程技术人员外，工人都是沿山地段的农民。农历春节，是合家团聚的大好日子，谁也不愿留在工地，丢开同家人欢聚的天伦之乐。第二年秋后又再度开工，还没有挖出城区，又停下来，这回停工的原因是缺钱。这是1943年底，物价又暴涨数倍，米由上年每古石1200元，涨到4300元。民工不拿工资，饭总是要吃的，区区几个水利补助费，既要支付土地赔偿、工具材料，本来无多的几个钱，早已干净无余了。

万般无奈，只好停工，这半截子工程摆在那里，沿山农民提水灌田，让官老先生心疼，他是个事业心极重，又富于同情心的人。这年他跑省、县政府和银行，他的亲朋好友，好容易又凑到一笔钱，却差不多耗去一年精力，流失了一年宝贵时光。

民国三十四年（1945）春节刚过，工程再度上马，这回他雄心勃勃，工程进度也快，出北门，过竹林寺、灵岩山沟都极顺利。哪知刚过山沟，经灵岩山麓张姓的林盘时，却又遇上麻烦，而且这麻烦不小，又让工程拖了整整半年。

原来这林盘的主人叫张XX，是袍界中较有声望的舵把子，有人有枪。导江堰要穿过他林盘他是知道，也是同意的。后来，听了某风水先生的鬼话，说是要挖断他家地脉，子孙后代不得昌盛等等。

他信了，当工程进入他地段时，他出来阻止，硬要工程队将线绕开。线路一绕开，堰就要下移，不仅要多花费用，而且沿山田亩半数得不到灌溉，这条堰也等于白修。工程队给他说理，他不听，官兴文同他亲自交谈，他也不理。县府、县参议会，地方水利工程委员会找他，他也不卖账。他说这是私人产业，应该受到法律保护，如果硬要挖他的林盘地，他要上告，要用武力保护。

时间蹉跎日久，关系越闹越僵，后来双方都集中武力，眼见一场流血冲突即将发生。

那时地方水利工程委员会主任是申价屏，副主任是官兴文、陈跃虞。申价屏也是舵把子，不过地位那时还不像后来那么高，他们也怕事情闹大，不可收拾，于是相约去见总舵把子刁青云，请他出面"捡足子""抹台子"。

刁青云在袍界地位极高，川西二十多个县，成都市码头哥弟都尊崇他，他的"言语"，大家都听从。刁青云一听申价屏等人的禀说，马上让管事叫来张××先是一顿责骂,这才说:"修堰是为地方办好事,又不是哪个的私事。堰修好了,地方得益,你也得到好处。你到底听了哪个的鬼话,硬要阻挡?"张××见刁大爷发怒,自然不敢顶撞。只好唯唯。刁青云还说:"你要支持官兴文,一定要把堰修好。"刁青云一说话,加上下游的民众也同声要求,张某也不敢再闹了。下游有一些业主,见刁大爷发话,张某也不敢再闹,都乖乖任民工在自己地段开挖,这是1945年3月的事。

事情以刁青云出面获得解决,已经耽误三年的导江堰工程,秋收后全面开工,第二年四月全面竣工,工程全长近10公里,可灌沿线山田,山前台地约5000亩。

工程所需经费,是采取民办公助和贷款方式解决的,贷款已在1949年前用水费全部归还。

民国三十五年(1946)四月,导江堰建成通水。在通水仪式上,专程从成都赶来参加的四川省主席张群,望着鬓发皆白的老水工官兴文感慨地说:"你已经七十六岁了,再干这行怕不行了,就将这堰命名为兴文堰吧,也是为你留个纪念。"

参加仪式的县长肖天石,会长申价屏,副会长陈跃虞、卫锡勋也表示赞同。

从此,这个从三泊洞起水的导江堰,就正式定名为兴文堰,记下了这位老人的业绩和他的人生足步。

张 沅

张沅(1880—1952),字子聪,四川资中人。光绪二十九年

（1903），以优异成绩官费留学日本，就读于东京帝国大学土木系，毕业后在日本考察。民国元年（1912）归国，后任成都水利知事，并参加了民国初期大修都江堰的工作。

民国四年（1915）四川巡按使陈廷杰呈请中央拨银元三十万元大修都江堰。陈廷杰请张沅主办这次大修，历时四年修复了鱼嘴，灌县、温江分别施工，按时完成了淘修任务。

民国二十五年（1936）成立四川省水利局，张沅任局长兼总工程师。四川省主席刘湘核准大修都江堰，张沅第三次主持大修并改建了都江堰。

张沅改建分水鱼嘴时，将鱼嘴位置西移 20 余米，紧靠外江桥墩，深挖基础，安设地符（河床铺 3 米深大卵石，河床上铺放大木排架），上用巨石砌筑，更以混凝土填实。全长 10 余丈，深入河底约 10 尺，高出水面部分约 15 尺，前部作椭圆形，径约 3 丈，尾部宽约 4 丈，上窄下宽，呈流线型。

民国三十三年（1944），张沅任都江堰流域堰务管理处处长。民国三十六年（1947）暴雨后发洪水，都江堰水位骤升，张沅与其儿子夜间曾提马灯巡视渠首工程，得到群众称赞。

邵从燊

邵从燊（shēn）（1889—1964），四川青神人。民国四年（1915）由四川省保送至唐山路矿学堂（今唐山交通大学前身）深造，毕业后在北京、天津担任技术工作。民国二十四年（1935）编写《四川水利初步计划》十万言，深得当时四川省建设厅厅长卢作孚的赏识，民国二十五年（1936）任省水利局局长。邵从燊上任后，水利局从灌县迁至成都市实业街，大力选拔人才，开展工作，翌年抗日战争爆发，一些留学日本、德国、美国的著名专家陆续受聘来四川水利局工作。邵从燊善于团结知识分子，为培养基层技术人才，开办训练所，自兼主任，相继培训了两班高中毕业学生，充实各县水利事业技术骨干。此外，邵从燊为四川重点江河的勘测，水文、水位站点的建设，提水工具的改良试验，以及都江堰治本设计工作等方面，都做出了一定的贡献。邵从燊任职期间，还主持勘测灌区各江河水道平面、纵断面和横断面图，成为河道整治的宝贵资料。

民国二十七年（1938），主持编纂了《都江堰水利述要》一书。民国二十九年（1940），何北衡兼任水利局局长，邵从燊为副局长，负责技术工作。中华人民共和国成立以后，邵从燊以代局长身份向解放军代表建议抢修都江堰。后调往重庆，不久迁至北京旧居，1964年病故。

周郁如

周郁如（1893—1972），原名周璧，四川成都人。清光绪三十四年（1908）、宣统二年（1910）分别在成都总府街商矿实业学校、北较场陆军测绘学校就读，民国初年又分别在天津工业专门学校及北洋大学土木工程系学习。1920年毕业后，在山东烟台海坝工程局任实习员。民国十三年（1924）调四川省，在成都市政府任科长、局长。

1932 年后又任成都水利知事公署知事，从事水利工作，民国二十四年（1935）为四川省水利局工程师，后在四川建设厅任技正。民国三十六年（1947）起任都江堰管理处处长。1950—1952 年任川西行署农林厅水利局工程师，1952—1957 年任四川水利电力厅工程师，1957—1963 年任东山灌溉管理处处长。

周郁如勤于学习，技术业务水平较高，在成都市政府任科长期间，当时成都市街道狭隘不能通车，周郁如组织人力提出改造市区街道计划，并组织人力施工，仅用 6 个月就完成计划，使成都街道能通汽车。民国二十一年（1932），周郁如参加都江堰大修，第一次使用水泥材料。在周郁如任成都水利知事期间，正遇民国二十二年（1933）岷江上游叠溪地震，泥石壅塞岷江，形成大、小两个地震湖，而后溃堤造成特大洪水。周郁如在抢修水毁工程中，着重加固关键工程鱼嘴。后周郁如和四川省水利局局长张沅主持勘定了鱼嘴的位置，将原来鱼嘴稍往西移，并全部用条石混凝土建筑。1949 年春，周郁如主持修建飞沙堰，用水泥做飞沙堰坝心墙，上用竹笼保护，当年 7 月 17 日岷江洪峰流量达 4430 立方米每秒，飞沙堰虽两端竹笼全毁，水泥心墙头部也被洪水冲毁，但没有影响当年的农业用水，洪水后很快抢修了飞沙堰和陶家湾工程。周郁如任东山灌溉工程管理处长兼工程师期间，为东风渠灌区的建设与发展做出了贡献。

徐松涛

徐松涛（1894—1974），原名徐宗虞，华阳县石羊乡（现属成都

市）人。少时曾在四川省巡警教练所幼生班及四川省工艺讲习所土
木预料班读书。民国四年（1915）考入四川省陆军测量学校。民国
六年（1917）毕业后，在四川省陆军测量局任班员、审查员等职。
民国十六年（1927）在川南马路总局警富路分局任副工程师。民国
二十年（1931）在四川省建设厅都江堰流域测量队任测量主任，又
在成都水利知事公署任技术员等职。民国二十四至三十一年（1935—
1942）在四川水利局测量总局任第二分队队长，民国三十二年
（1943）在四川省都江堰流域堰务管理处工作，先后任岁修工程股
长、技正兼公务科科长。1950—1951年在四川省都江堰管理处任工
程师、代理副处长、处长。历任灌县政协常委、灌县人民代表，四川
省第一、二、三届人民代表。

民国三十四年（1945）徐松涛曾任技正兼股长，因不愿意集体
贪污，辞职回家务农一年。为人公道，在群众中有"徐公道"之称。
平素生活简朴，常常身穿布衣，脚穿草鞋，手拿雨伞，步行在灌区渠
道上了解情况，检查工作。

徐松涛于民国二十年（1931）步测了《四川都江堰灌溉区域平
面图》，对都江堰河道治理有较丰富的实践经验，特别是对传统工程
技术如竹笼、杩槎、干砌石埂等技术设计，运用自如，每年灌区春耕
用水，夏秋防洪，冬季岁修，都在基层指导工作。

1950年灌县等地岁修工地受到土匪骚扰，徐松涛仍坚持工程勘
察安工并主持修建了二王庙山脚下内江弯道处笼石顺水堤，减轻了虎
头岩挑水直冲飞沙堰工程的危害，保证了当年春耕用水，获得了川西
行署的嘉奖。1951年又组织改进了沙沟河引水地点，改善了灌溉用

水条件，提高了工程抗洪能力。为保持内外江鱼嘴分水，他主持加长了鱼嘴前的导水埝，使鱼嘴左右形成沙洲，利于稳固鱼嘴。1952 年将漏沙堰和人字堤全部竹笼和飞沙堰部分竹笼工程，改为干砌卵石工程，并缩窄了在外江引水的江安河口，加设防洪挑水坝，减轻了江安河洪灾。1953 年春，宝成铁路修建白水河大桥围堰工程，徐松涛应邀赴现场，建议改为杩槎工程截流并被采纳，节省了经费，缩短了截流工期，为大桥基础开挖和浇筑争取了时间，也为推广运用都江堰传统工程，起到了积极作用。他还应三台县政府的邀请，设计了涪江防洪大堤。1955 年都江堰扩建人民渠和外江灌区，在规划设计上又提出了很多建议。

在 1950—1951 年金马河大修期间，徐松涛探索用"挖河筑堤，封支强干夹正河床，束水攻沙"的办法，从渠首开始直到温江县境内，挖河宽 60 丈，挖河深 4—5 尺（平均深度），在深槽缺口处用筷子笼垫基，以竹笼、木桩堵缺封口，收到一定效果。但是，岷江洪水大，泥沙多，竹木工程不能抗衡较大洪水，加之夹正河床偏窄，洪水受阻，所安装的竹笼和砌的石埂，一年后大部分被冲毁，1952 年洪水又将被封的深槽冲毁多处。

徐松涛治理都江堰有一套自己的见解，他认为："都江堰水流甚急，破坏性大，治理应由上游开始，逐步治理下游，便于固定流向。若流向不定，下游工程难保安全。"安工要会取巧，不宜与水硬斗，要做好工程，必须先治理水势。如水势不顺，可以采取淘淤、挑正、导直办法，使水顺流，也可以设法抬高水位，或者分流，必须想出种种办法，使水势不直射工程，才能保证工程安全。历史上铁龟鱼嘴，条石筑坝失败就是个教训。水流攻坚不动，便会抽底，工程底部被水刷深，工程本身就难保了。治理都江堰首先要彻底修淘，而后顺势筑修石埂，水利而工程自安。

徐松涛晚年根据自己几十年来治理都江堰的实践经验，撰写了书稿。但在"十年动乱"中付之一炬，未能保存下来，甚为可惜。

任 重

任重（1904—1986），字致远，四川万县（今重庆市万州区）小周溪人，少时入四川省第四师范学校读书，后又入国民革命二十军第六讲武分校学习，毕业后失业在家。24岁考入万县商埠局学习测绘和施工，边学边做一年半，由于行政变动离职。民国十八年（1929）到重庆考入四川汽车道路专门学校速成班学习土木工程，次年毕业后回万县组织广轮汽车股份有限公司。因当地驻军不准立案又遭失业。

任重几次失业，因有不满当时社会的言论被告密，家被驻军搜查，只得远离家乡到成都找工作。民国十九年（1930）冬参加特修都江堰工程，次年工程竣工后，到成都水利知事公署工作。民国二十二年（1933）海子自然坝被冲毁，都江堰鱼嘴、飞沙堰工程，灌区沿河水利工程也冲毁很多。民国二十三年（1934）都江堰灌区又发生春旱。四川善后督办刘湘拨款12000元，任重作为工程技正与上校参谋郭雨中、无线电台台长朱明心等人，住在仍有余震的叠溪，督工疏导海子，及时完成了第一期疏导工程，刊立了《叠溪积水疏导纪念碑》。

民国二十四年（1935）条石砌筑的都江堰渠首鱼嘴被洪水冲毁。次年冬，四川省政府主席刘湘拨款 25 万元，由水利局局长张沅主持修复，派任重负责施工，将鱼嘴位置西移 10 米，紧靠原索桥桥墩。任重创用大楠竹做水筒抽出基坑积水，用水泥沙浆砌条石，重修鱼嘴，质量优良，一直维持到建成外江枢纽闸才相应改造。

民国二十五年（1936）石亭江洪水冲毁朱李火三堰渠首分水工程。次年 4 月派任重为助理工程师代理朱李火三堰（现为人民渠前进渠）工程处处长，用条石重修平梁，由于砌置基础深，位置恰当，工程较稳固，历十余年少有毁坏。在此期间任重常深入灌区宣讲水规水法。民国二十七年（1938）1 月改任处长。

民国三十三年（1944）成立四川省都江堰流域堰务管理处，任重为堰务管理处地方工程股股长。每年岁修时任重带领一个基础工程队，分赴基层实地勘测安工，并用都江堰传统工程技术指导施工。1950 年任重在都江堰临时督修处任工程师，受命抢修都江堰工程。当时土匪常扰乱工地，粮食供应困难，军代表派任重担任运粮任务。任重化装成农民，绕道运回粮食，保证了民工的口粮，并化装成民工坚守岗位。抢修于当年 4 月 2 日胜利完工通水。

1952 年 3 月官渠堰扩灌工程动工，派任重住现场施工，指导用竹笼、杩槎在蒲阳河导水入官渠堰。1956 年 9 月任重任官渠堰管理处代理副处长。以后官渠堰不断延伸，任重用都江堰传统工程技术指导施工，效果很好。任重历任彭县政协 1—6 届常委，于 1984 年 10 月退休。1985 年荣获水电部颁发的"从事水利事业五十年老专家"嘉奖。

张建中

张建中（1910—1988），原名张学政，山西夏县史庄人。1937年4月加入中国共产党，1940年在山西抗日决死二队四团任供给处处长，1943年在山西中条山游击总队部任行政干事，1944年任闻喜县县长等职。1949年10月12日随晋绥党校大队进川，任总务副科科长。进川后历任温江专署财政科科长，崇庆县委书记。1954年8月至1964年12月任都江堰管理处副处长，1965年任四川省水电厅农田水利局副局长，温江地委农工部副部长兼任都江堰管理处副处长。1979年任水电厅农田水利管理局顾问，1982年离休，1988年3月11日病逝。

张建中青年时代勤于学习，热爱真理，积极参加和组织爱国学生运动，在民族危亡的紧要关头，毅然奔赴前线，深入敌后，英勇杀敌。解放战争时期，随军转战南北。任都江堰管理处副处长，主持管理处工作期间，张建中在机关的时间少，下基层的时间多，几乎走遍了灌区各干渠。他与技术人员一道，几次沿外江、清白江察勘了解工地施工情况，发现问题及时解决。他检查工作十分细致，连桥闸启闭机上的地脚螺丝钉也要仔细查看。每年春耕用水期间，张建中常常扛把锄头，拿块挡水板，一边与农民谈话，一边帮助农民引水灌田。每年汛期他要求职工到关键地点观察水情，每小时汇报一次，一遇洪峰随时汇报。

张建中虚心向知识分子学习，尊重和团结知识分子。如徐松涛年岁已高，常在业务上尊重徐的意见，在生活上也很关心，并指派年轻干部与徐一起工作，学习业务，关照生活。他曾两次请大专院校派人来协助都江堰灌区规划，同时组织管理处人力进行渠系改造规划，1959 年规划将原 9 条干渠改为 6 条干渠，原有 2052 条斗渠改为 757 条斗渠，并在每条干渠上用工程控制流量和泥沙。在科学试验方面，完善了灌溉试验站，将小区试验与社、队大田农耕技术结合起来，促进了试验和就地推广的工作。在管理方面，将原来划片建立的管理站，改为以干渠为主体的河系管理站，促进了统一配水合理配水制度的实行，减少了同一干渠上下游用水矛盾。

后记

　　都江堰是当今世界上年代久远、唯一留存、以无坝引水为特征的古代水利工程。它不仅是古代劳动人民的智慧结晶和中国水利工程技术的伟大奇迹，亦是世界水利工程的璀璨明珠。都江堰建堰 2200 多年，至今还在发挥巨大的社会效益和经济效益，同时还是一项造福万代的生态工程。2000 年，都江堰水利工程被列入世界文化遗产，2018 年，都江堰灌区工程被列入世界灌溉工程遗产名录，其保护范围包含整个灌溉区域。都江堰水利工程作为世界唯一留存的有两千多年历史的古老水利设施，越来越受到世界的关注和崇敬。

　　近代专家学者考证认为，都江堰水利工程之所以能跨越千年而长盛不衰独步千古，并能在新时期焕发新的活力，是"大禹肇其端，鳖灵继其后，李冰总其成，历代先贤遵其制"的结果。为民造福的先贤理应受到人们的崇敬。

原著《历代都江堰功小传》（以下简称《小传》）完成于宣统三年（1911）阴历六月。由成都水利同知钱茂撰，四川总督王人文作序。全书收集了自开明至清末共 100 位对开凿和维护都江堰水利工程做出重要贡献的有功人物，名之为"堰功"，制牌位列祀都江堰水利工程管理机构"成都水利同知署"堰功堂，"建祠立主，会县祭祀"并为之作传，使灌区受益人民记其功德，以激励后来者。本次整理选用清宣统三年（1911）刻本为底本。

该《小传》在编撰中，对史料中的"凿空之词或神玄之语"一概删除。对治水人物事迹区域限于清代都江堰灌区的灌县、郫县、温江、崇宁、新繁、新都、广汉、金堂、成都、华阳、崇庆、大邑、双流、新津、彭山、眉山、青神共十七州县，与都江堰水利工程不相干者不予采录。原著对史料中人物生平官职与实际不符以及前后记载互相矛盾者，进行了考订并以《历代都江堰功小传略例》加以说明，以体现严谨慎重的史学精神。

原著的刊印，时值清末，原文仅有断句，不便现代读者阅读。在人物筛选中，原书也存在一定局限性。至今已过百年，此后人物则阙如。

为方便更多读者阅读和理解原著，本书在原著的基础上进行断句、标点、注释、翻译和补正的工作。注释力求详尽，对文中的人名、地名、生僻字词等进行注释；翻译则以直译为主，适当意译。对原著未录入的人物进行了补录：其一是都江堰创建前"岷山导江"的大禹；其二是建宁元年（168），李冰塑像铭文记录的郡级水利官员都水掾尹龙和县级水利官员都水张陈壹以及东汉堰功郭择、赵汜。

郭择、赵汜二人是 2005 年 3 月新出土的《建安四年正月中旬故监北江堋太守守史郭择赵汜碑》记载的目前已知最早督导岁修的堰功人物，此前的《小传》等无缘录入；其三是根据四川省地方志编纂委员会于 1993 年编纂的《都江堰志》"堰功人物篇"补录梁介、大朗、王米通 3 人；其四是对原著刊印以来全 1978 年的堰工人物进行了续增。补录和续增人物力求在体现原著精神的基础上更具时代性。对已列入而又存在疑问的人物崔瑗等人物进行重新考证，对书中错漏之处进行补正。

本书由王燕飞先生作注，王克明进行文字梳理和新译，卞再斌、陈洪飞、付三云、林小莉等参与分章编撰和校对。由于水平所限，不当和舛误遗漏之处在所难免，敬请方家指正。本书恭请四川省社会科学重点研究基地"地方文化资源保护与开发研究中心"主任、西华大学文学与新闻传播学院院长潘殊闲教授审定并作序。本书的出版，还得到成都市地方志编纂委员会办公室的大力支持，将本书纳入首批"成都历史文化精品丛书"予以专项扶持。在此一并致谢！

二〇二三年冬